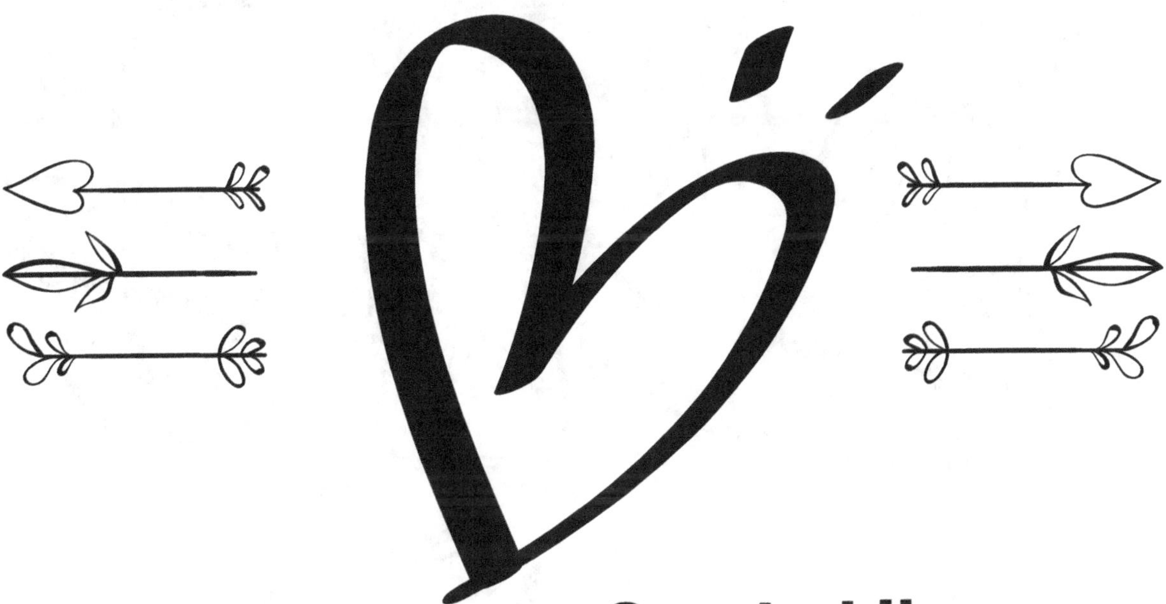

Questo Libro

Appartient à

MUMMIE LIBRO DA COLORARE

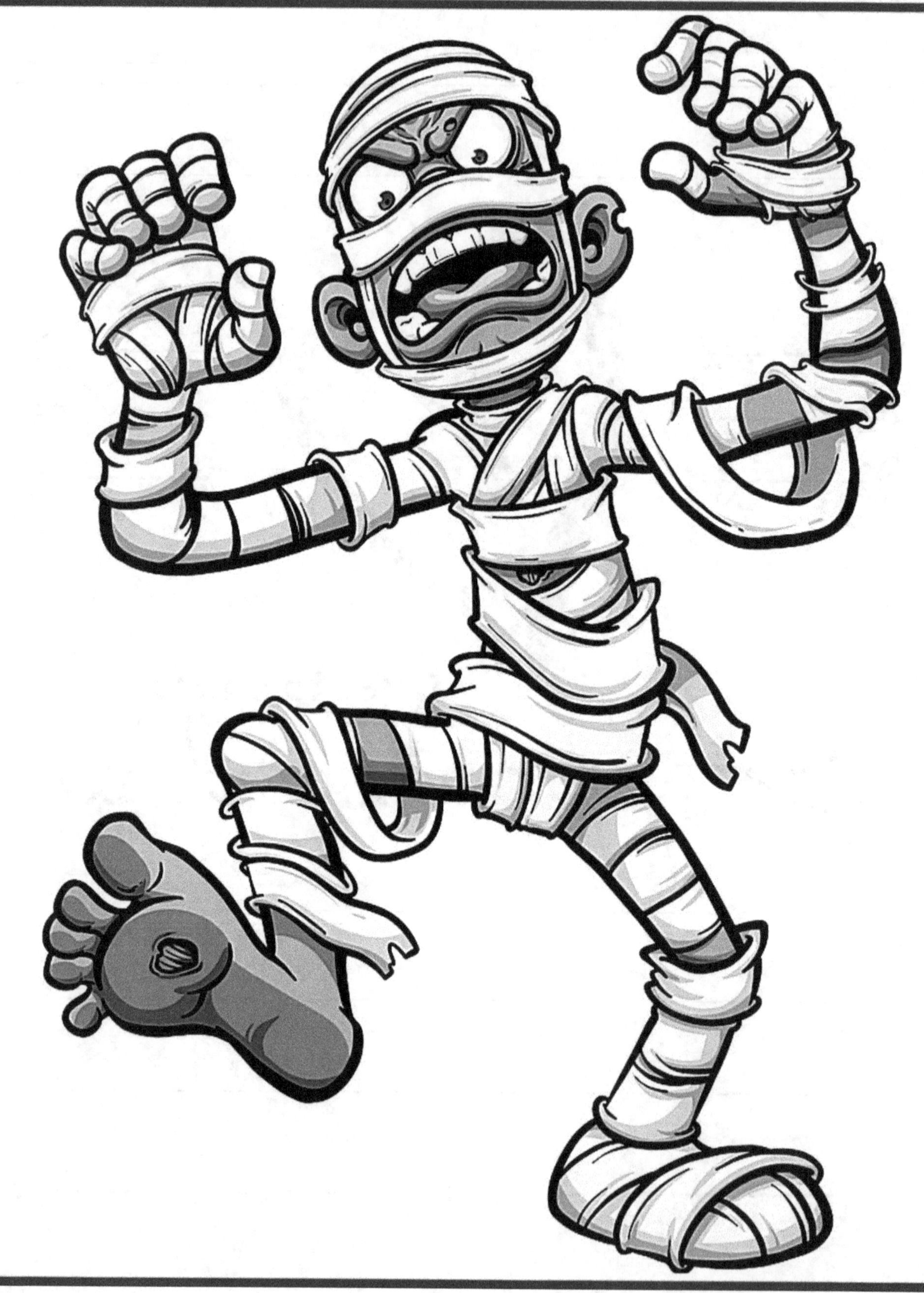

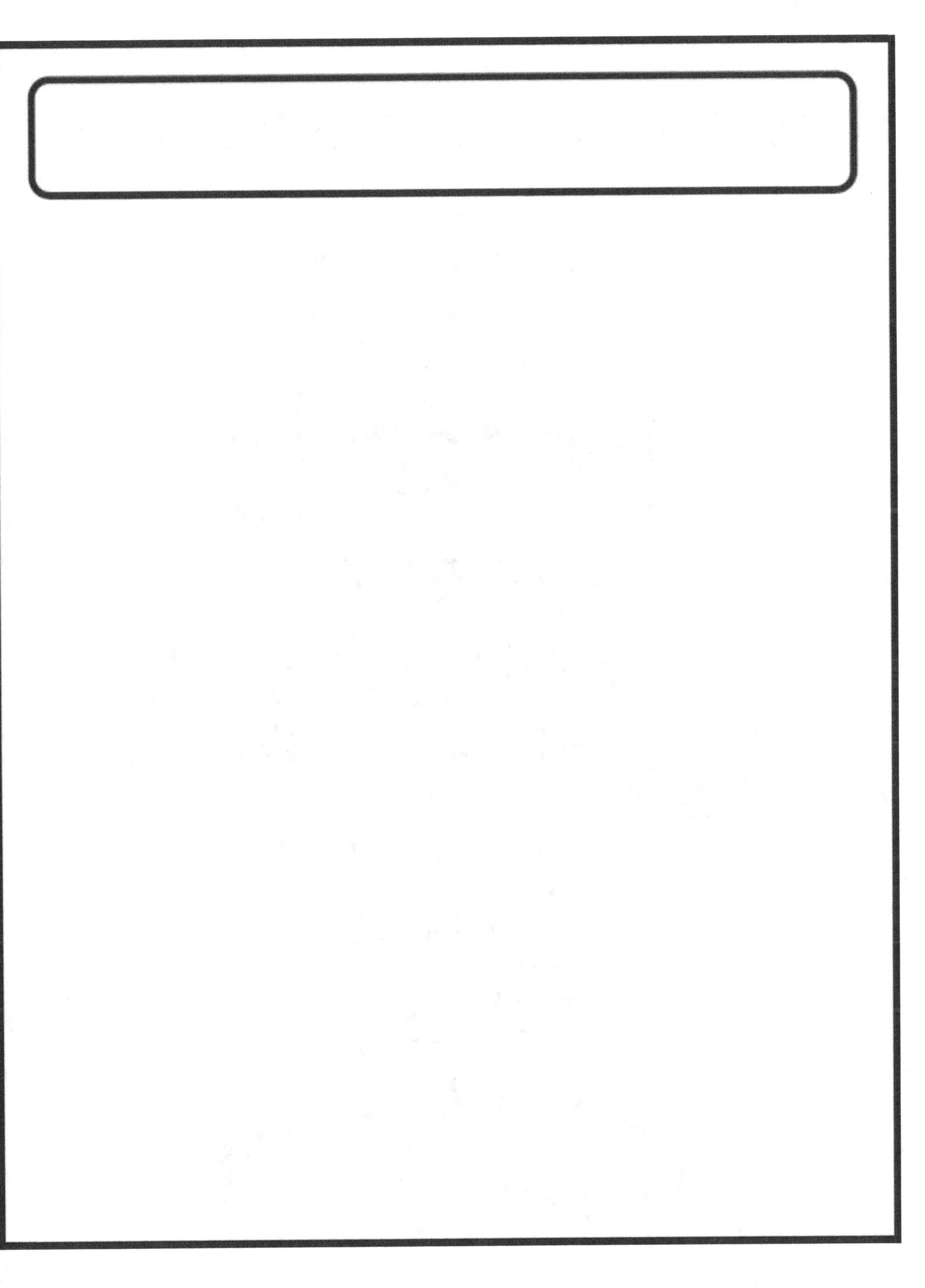

MUMMIE LIBRO DA COLORARE

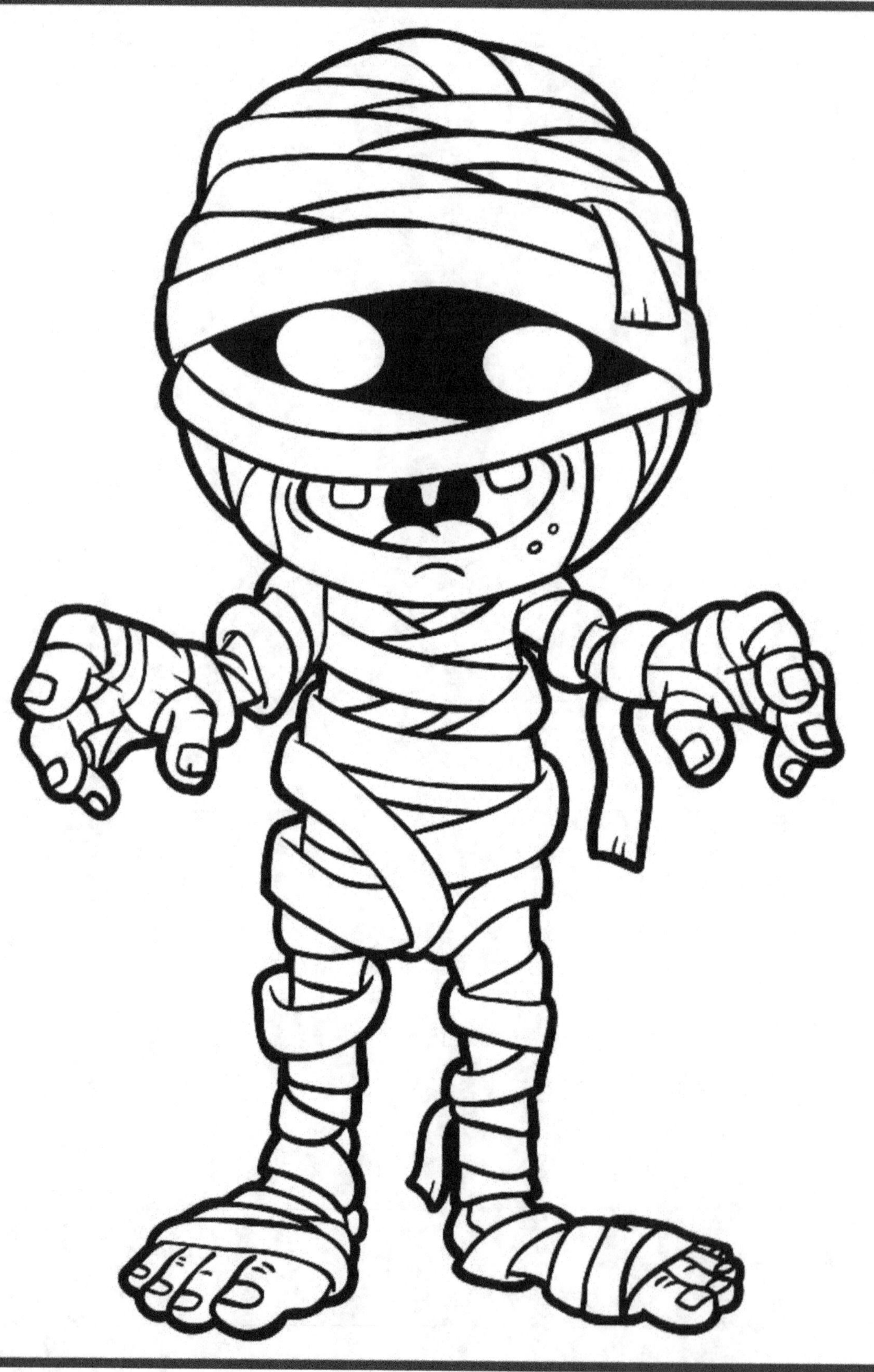

MUMMIE LIBRO DA COLORARE

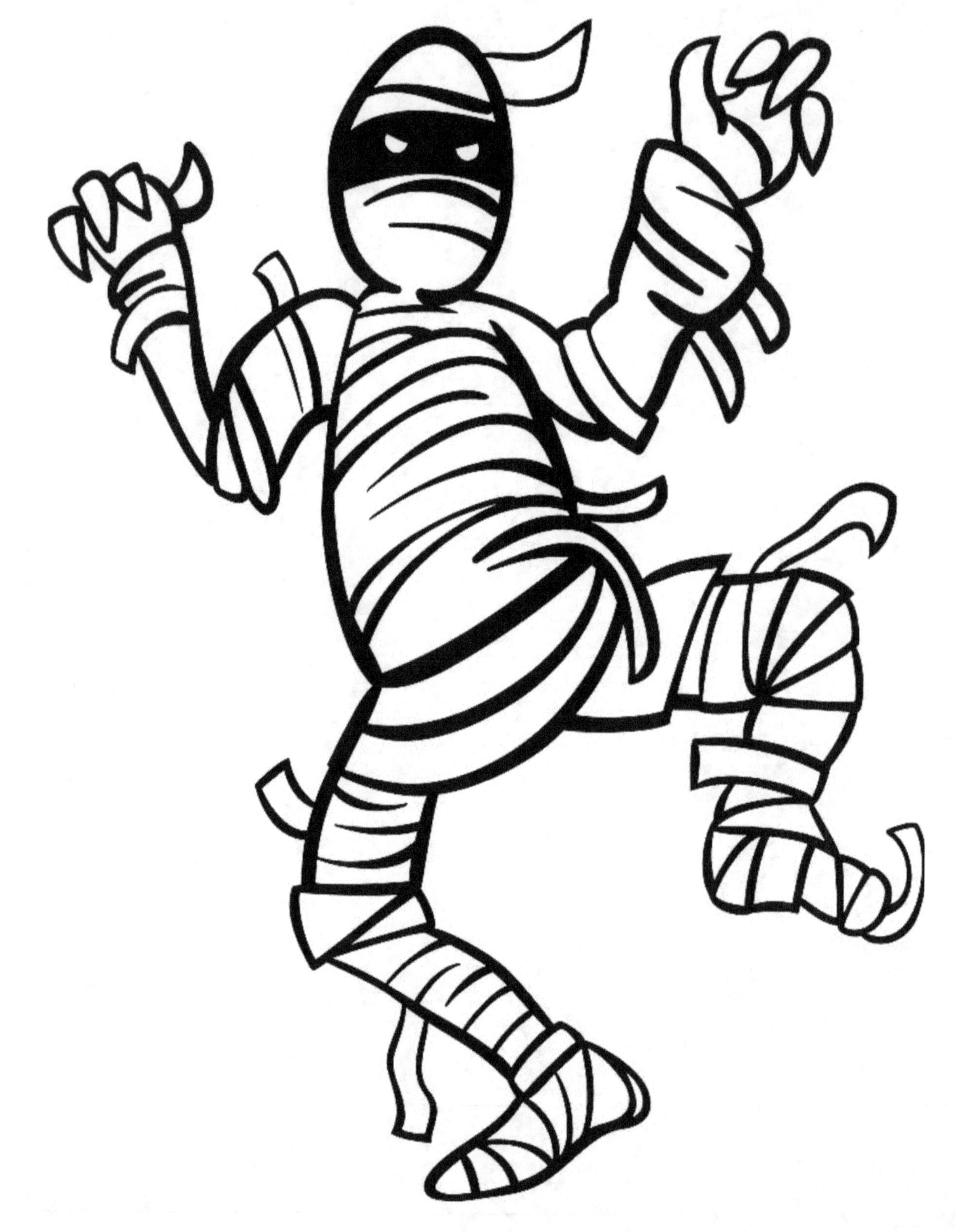

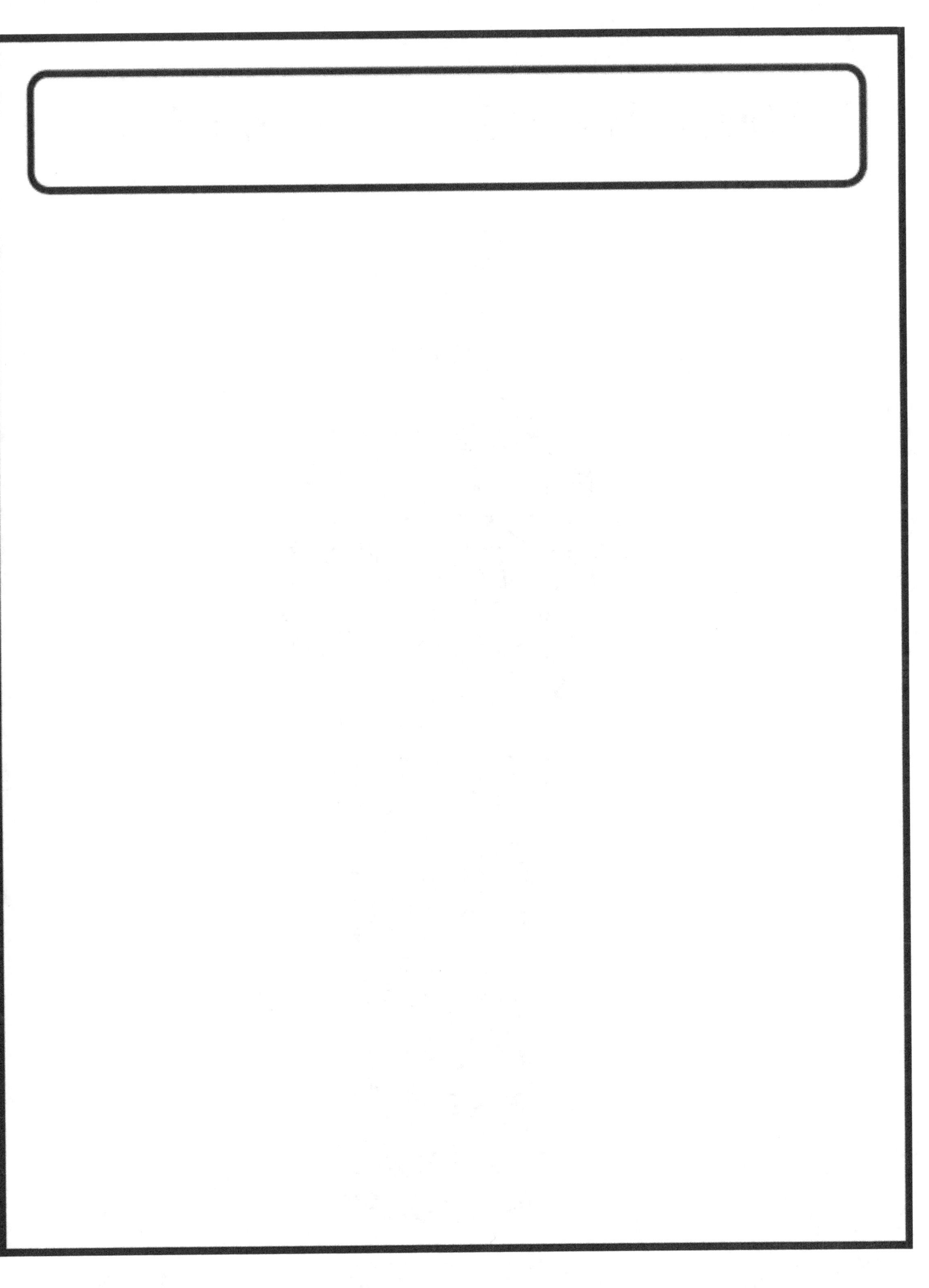

MUMMIE LIBRO DA COLORARE

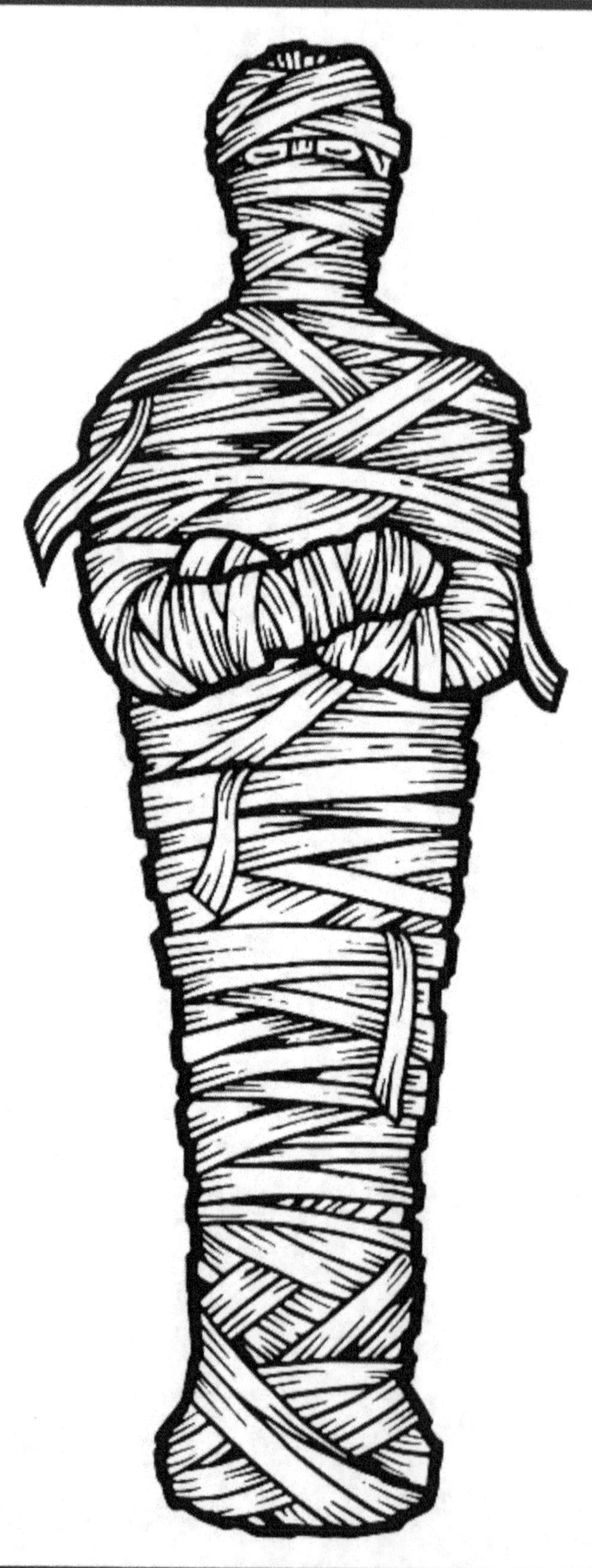

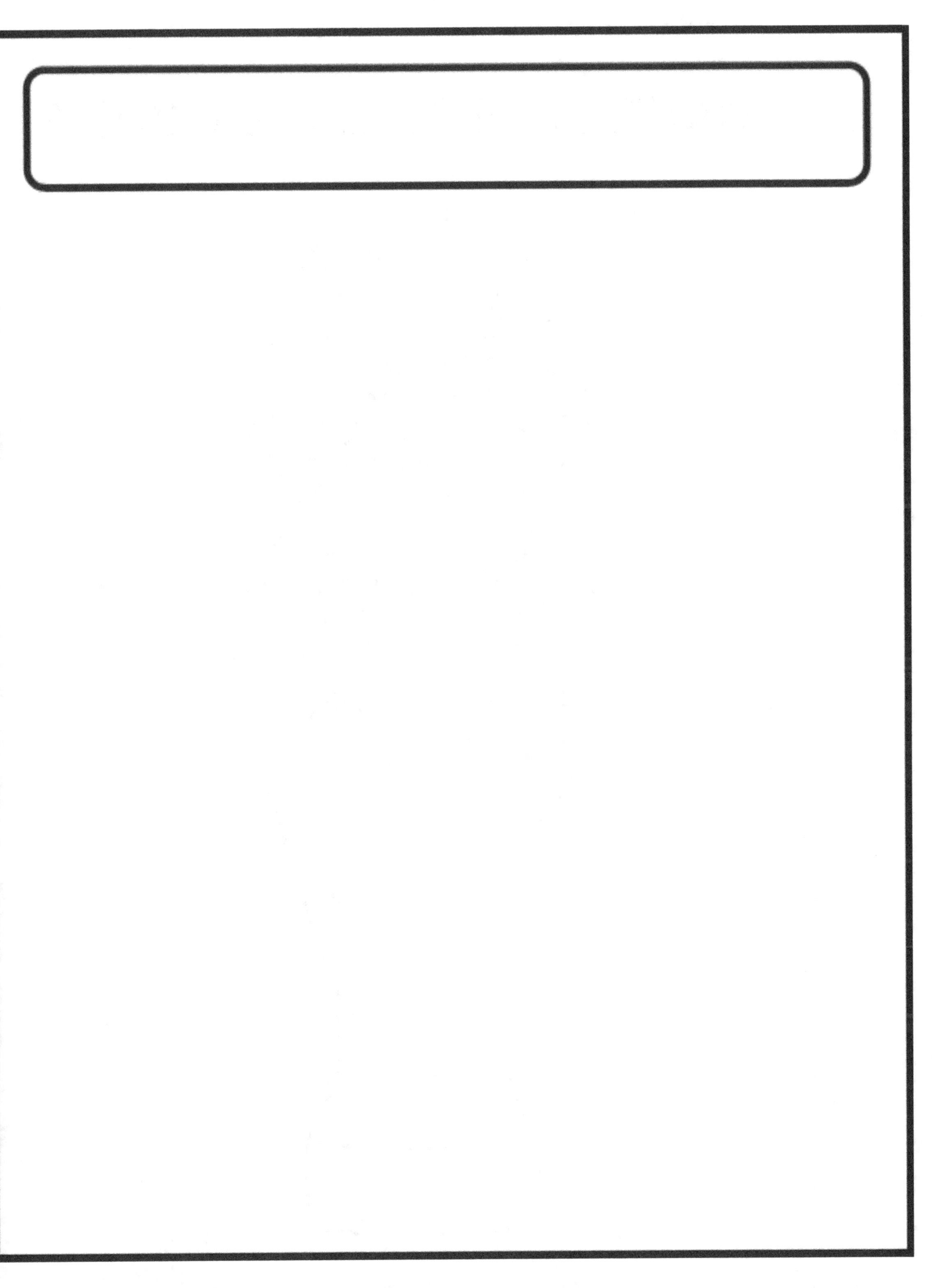

MUMMIE LIBRO DA COLORARE

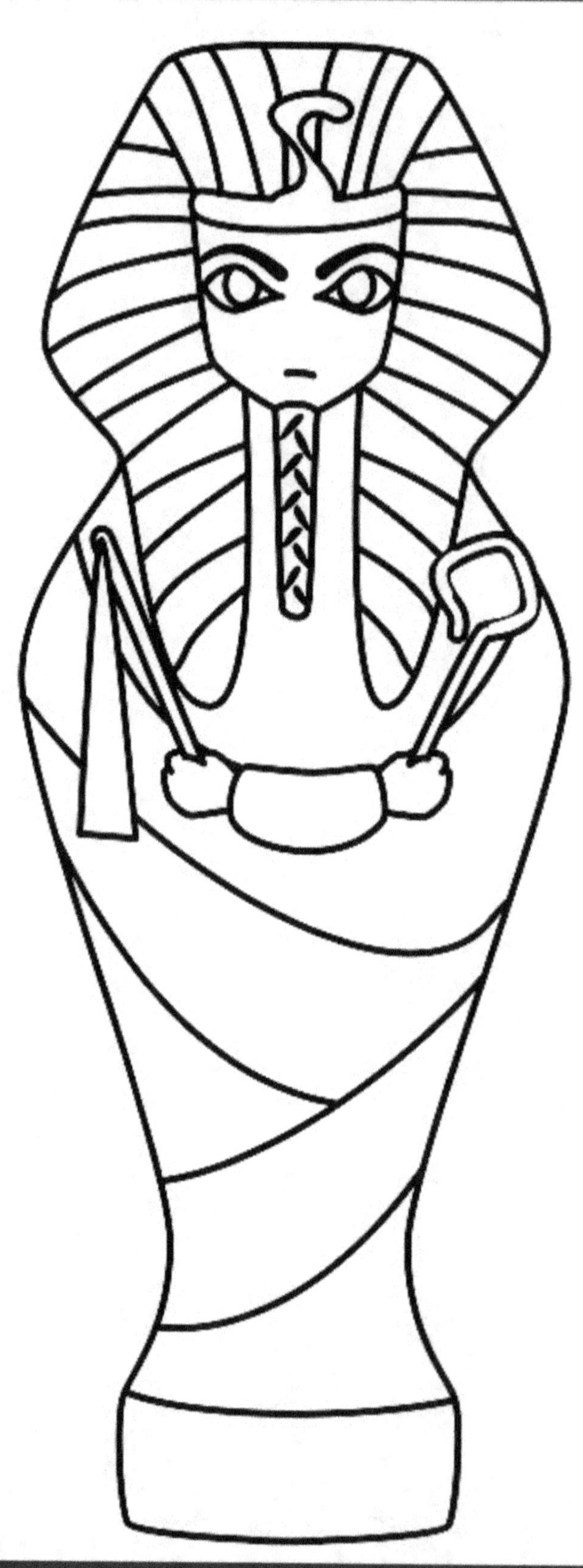

MUMMIE LIBRO DA COLORARE

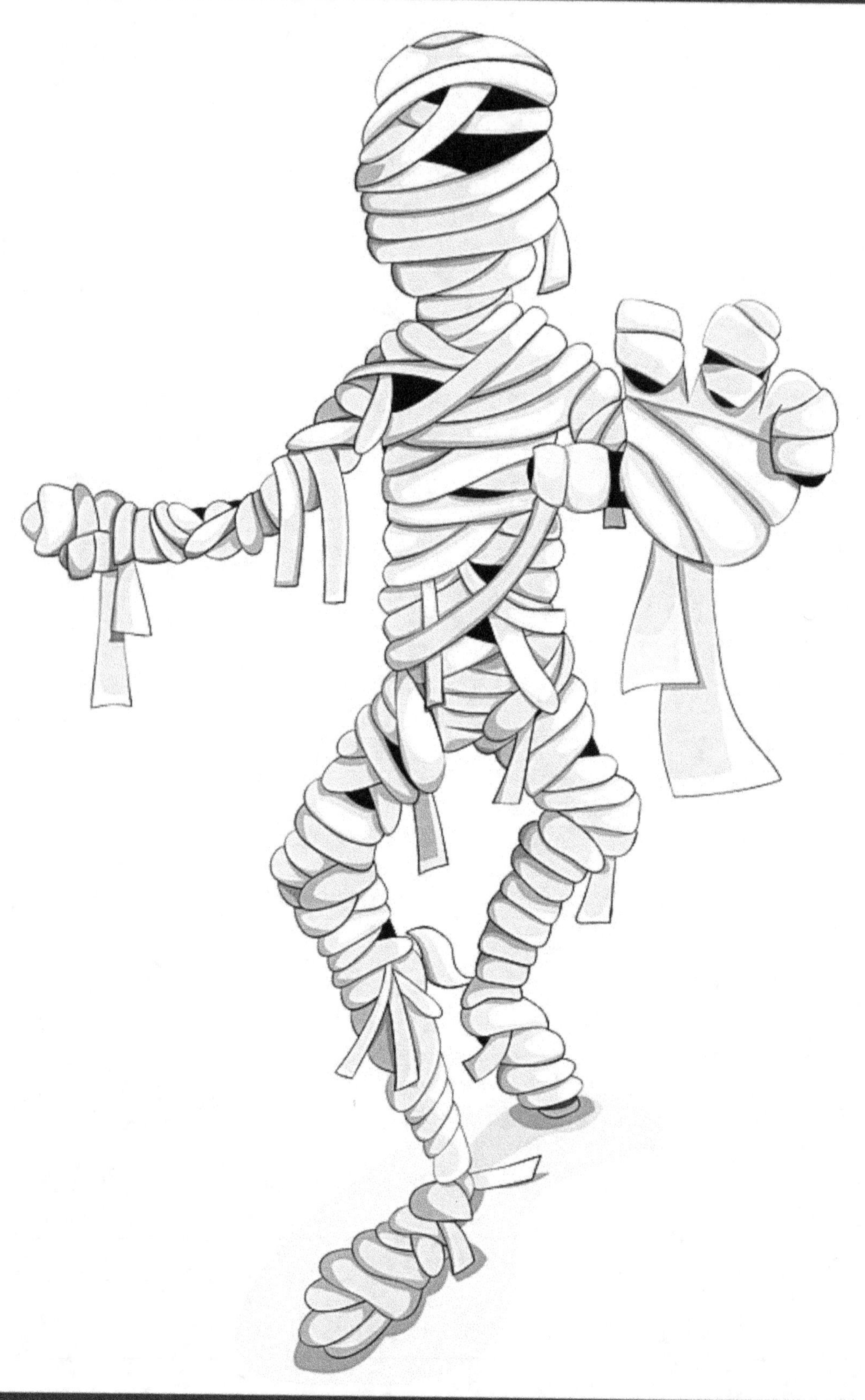

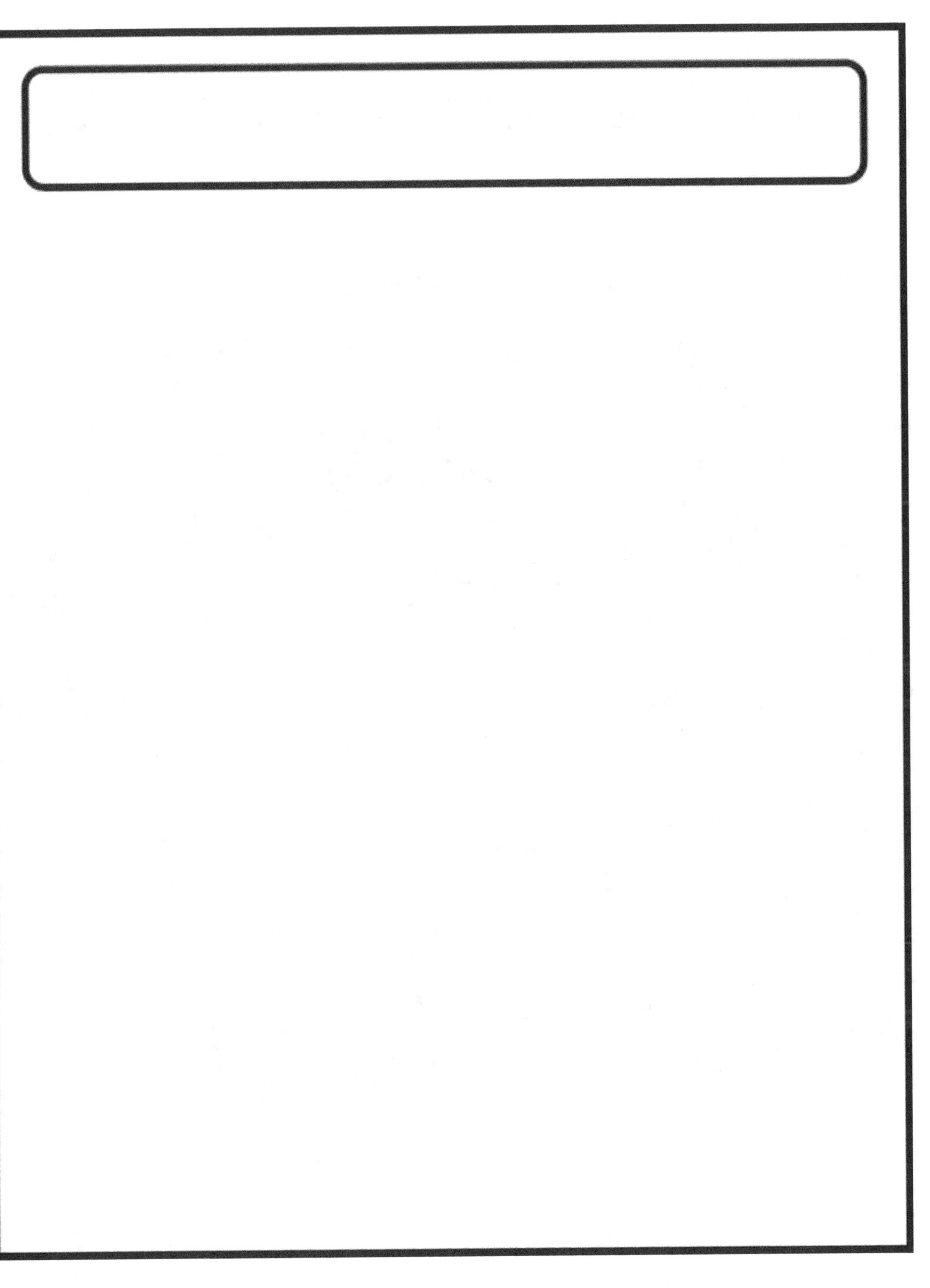

MUMMIE LIBRO DA COLORARE

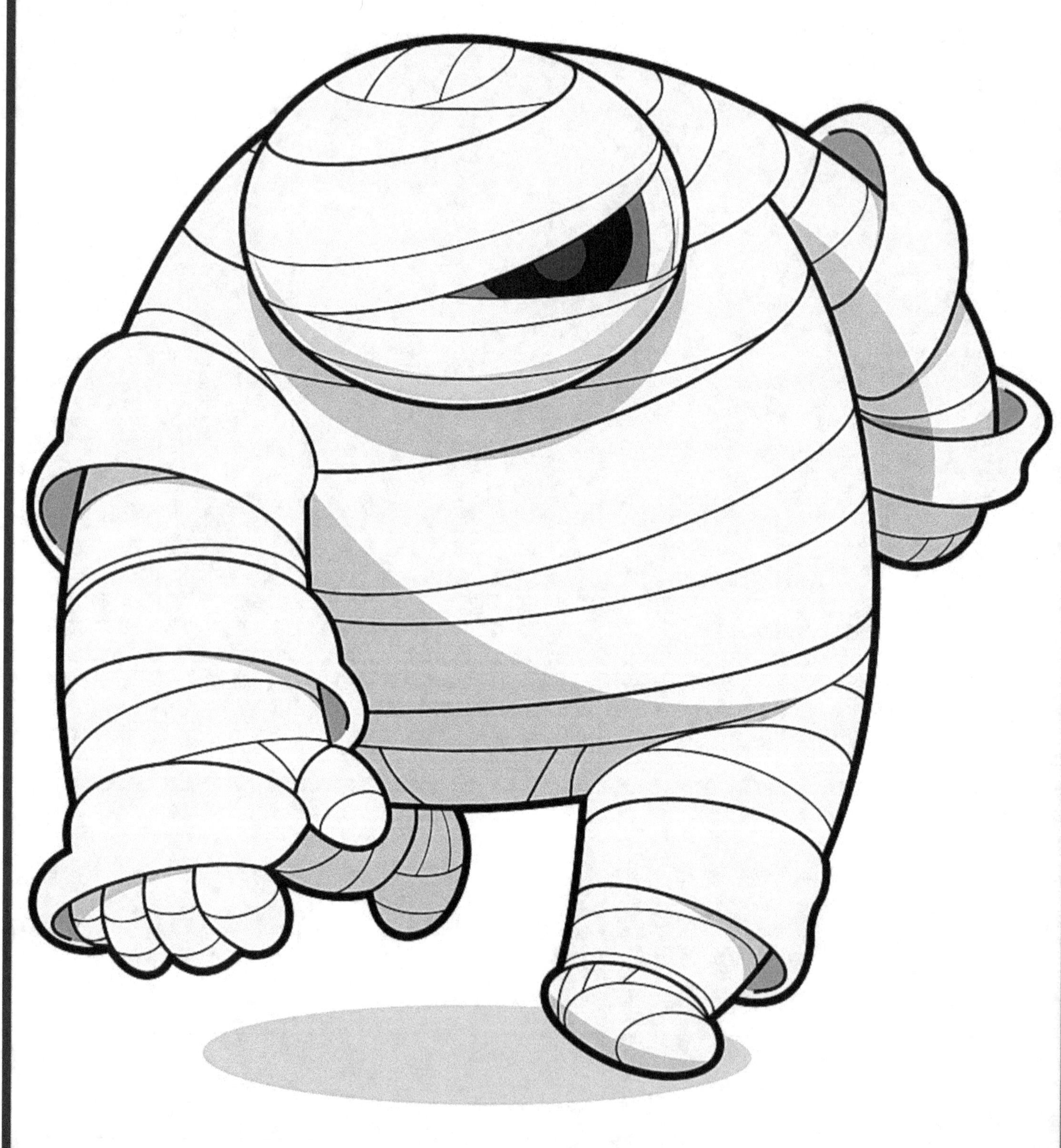

MUMMIE LIBRO DA COLORARE

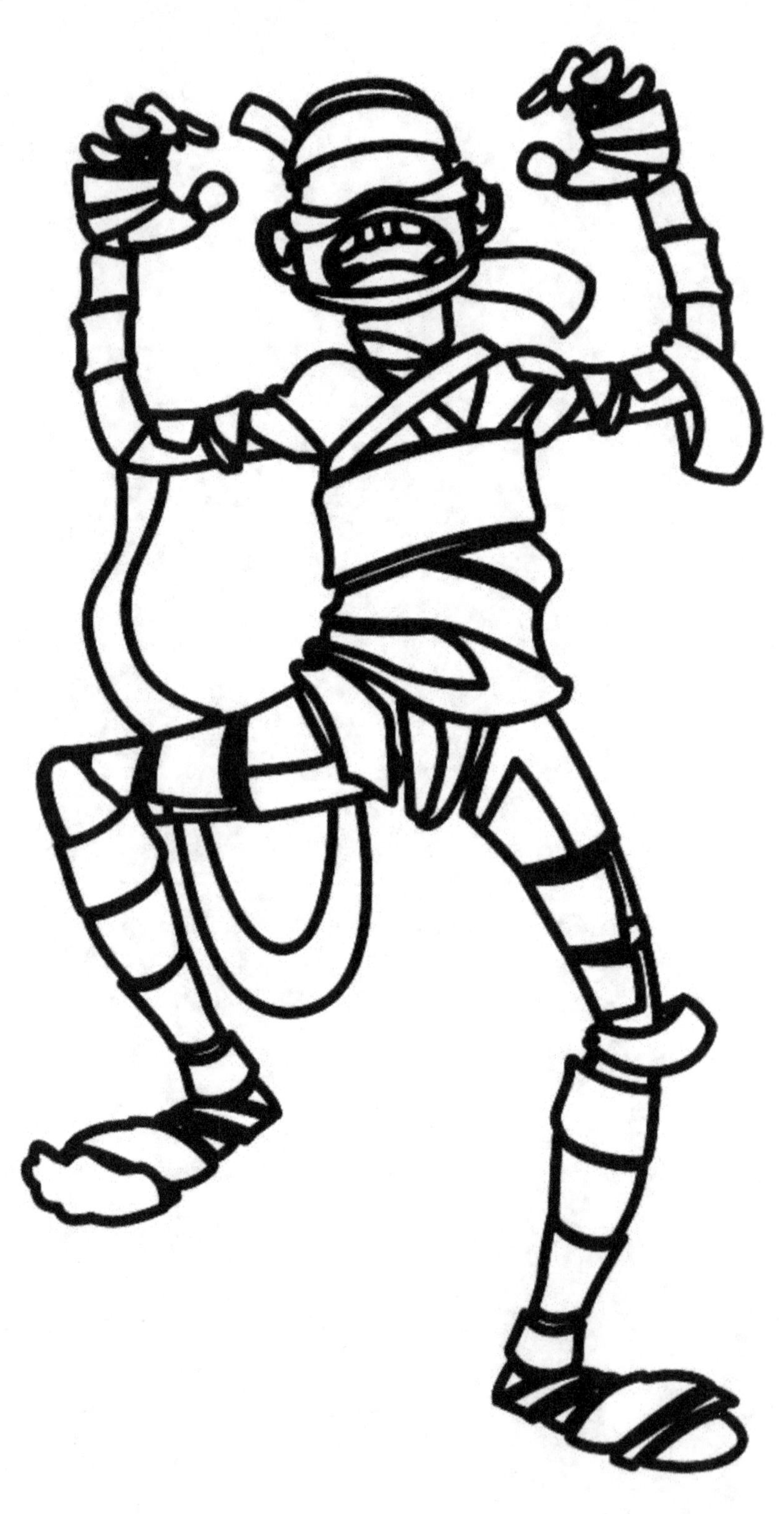

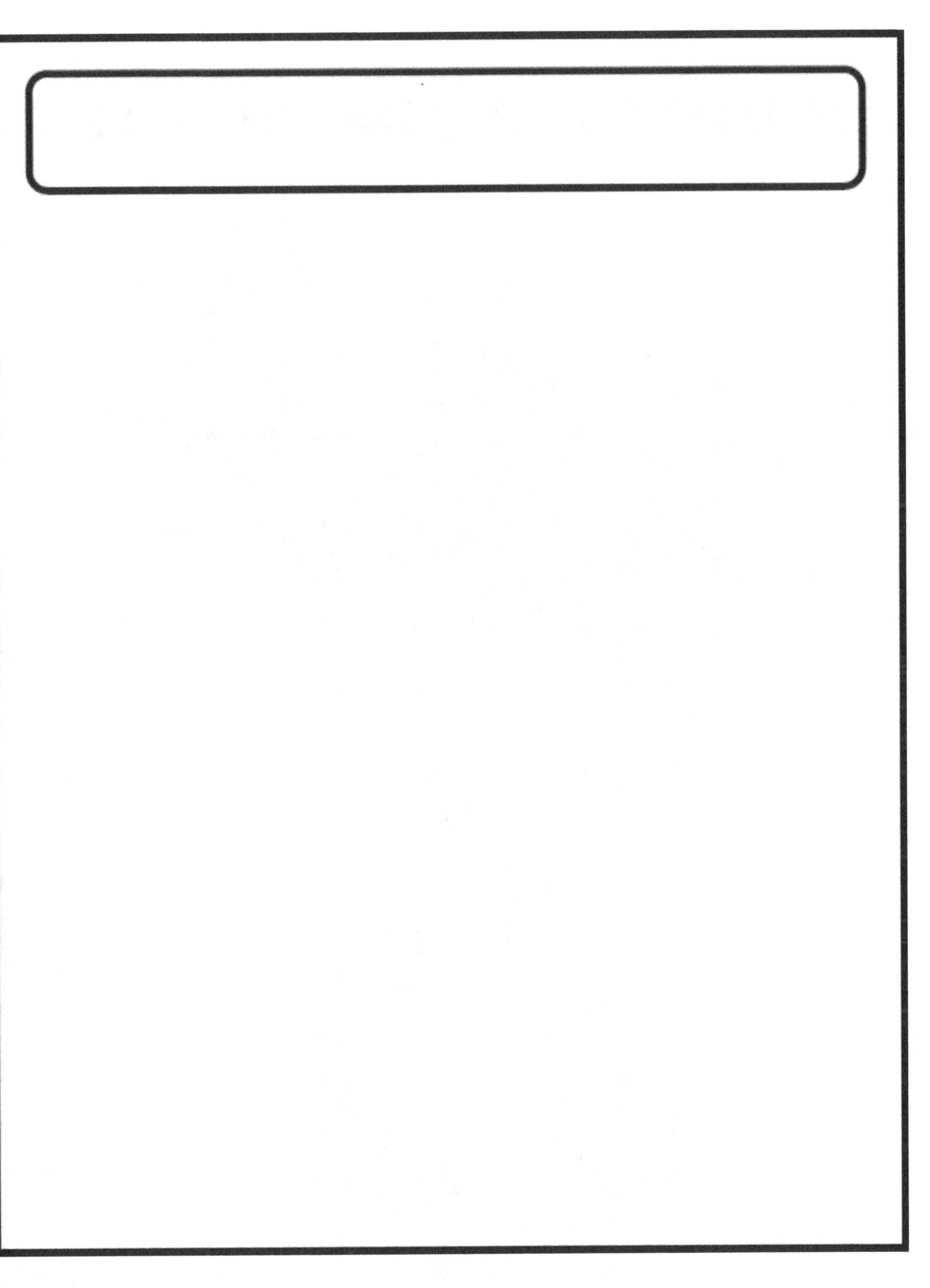

MUMMIE LIBRO DA COLORARE

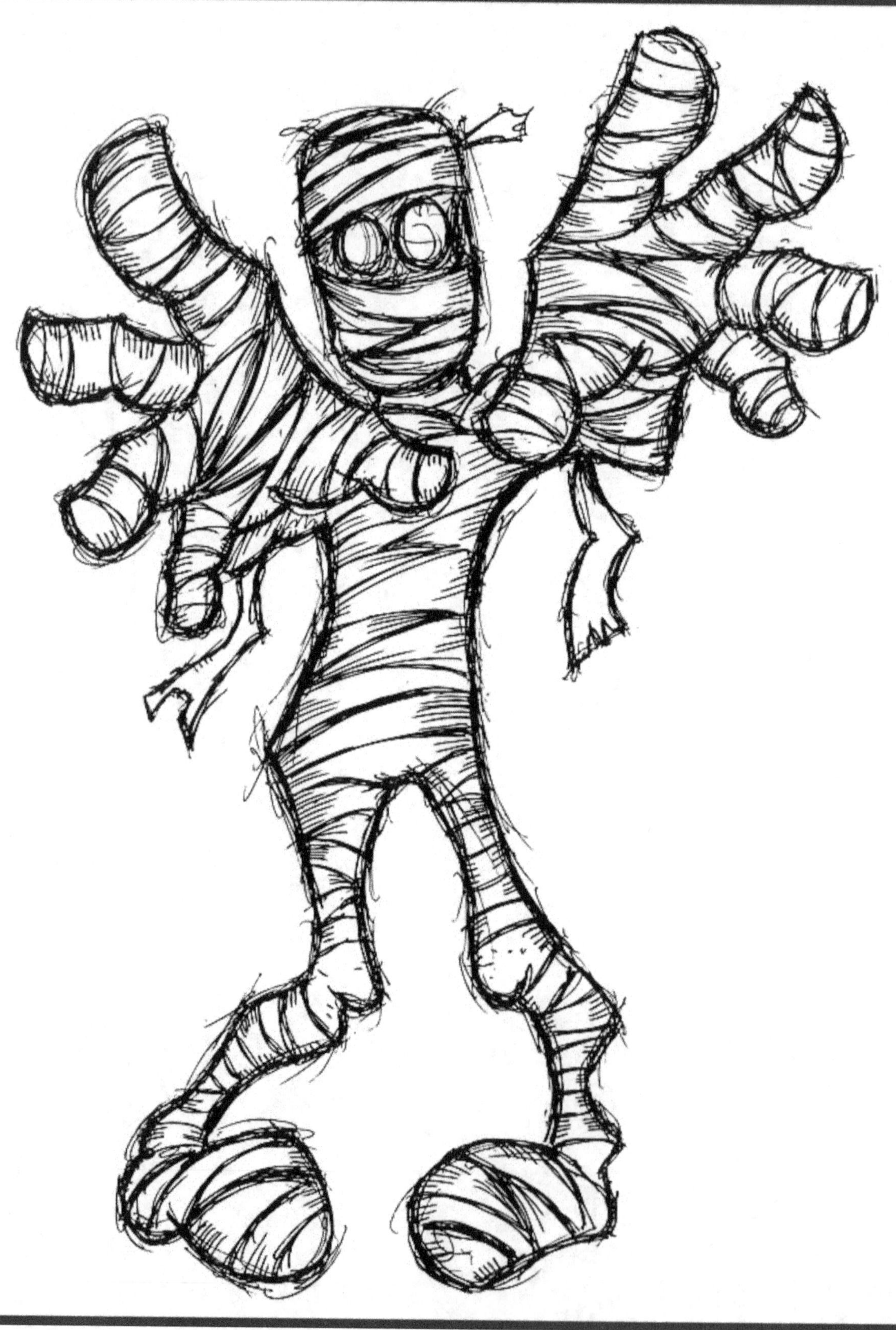

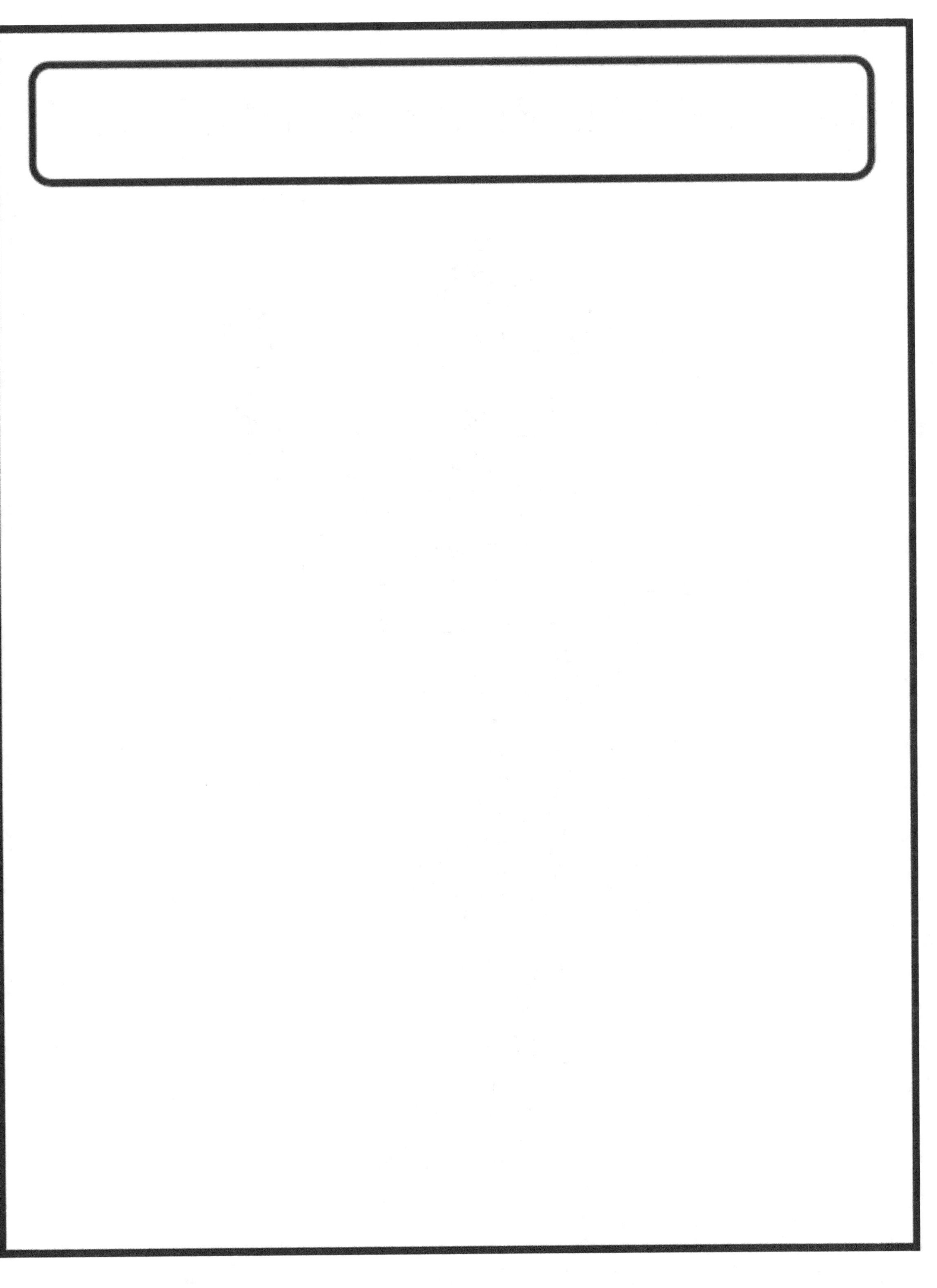

MUMMIE LIBRO DA COLORARE

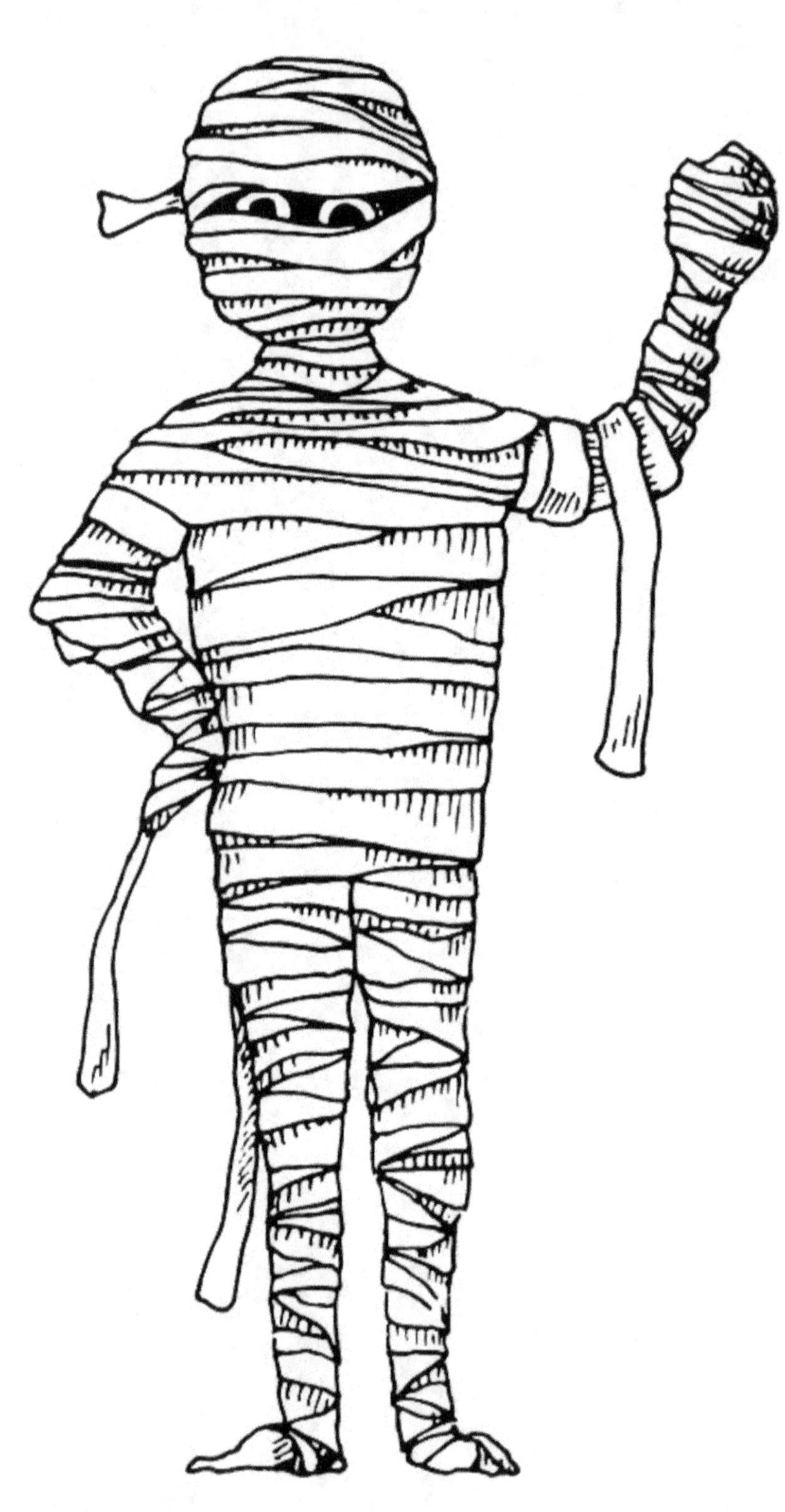

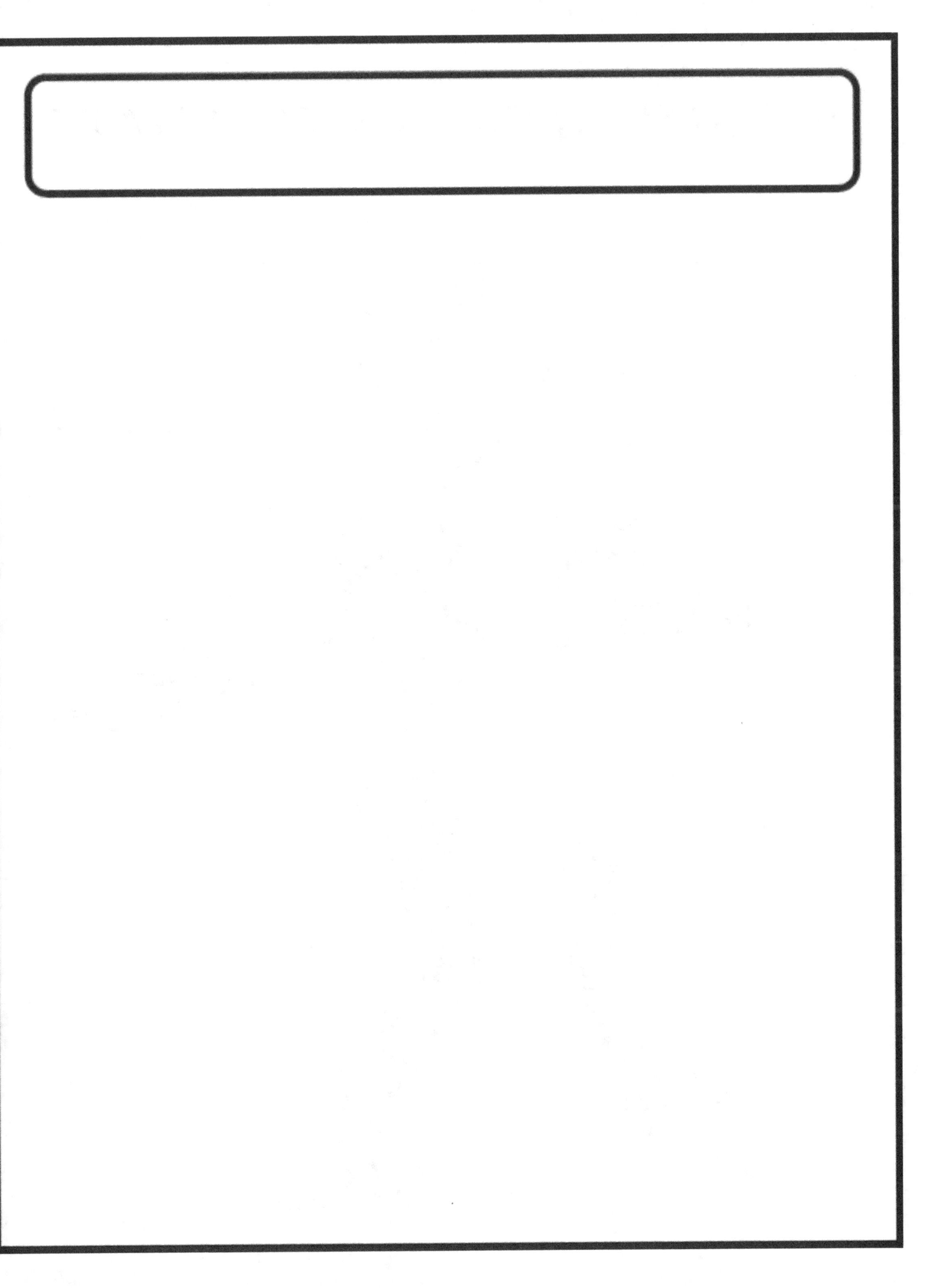

MUMMIE LIBRO DA COLORARE

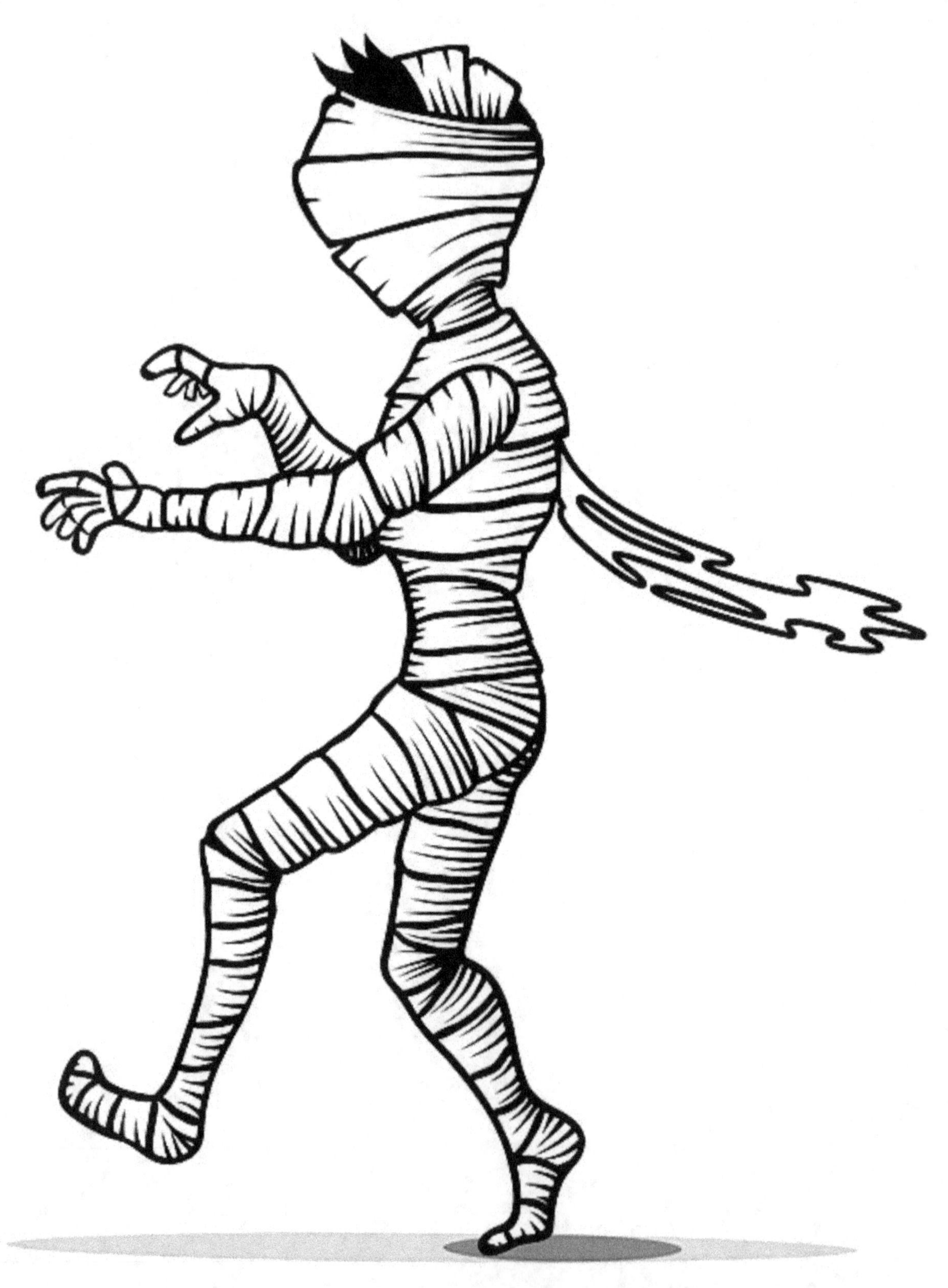

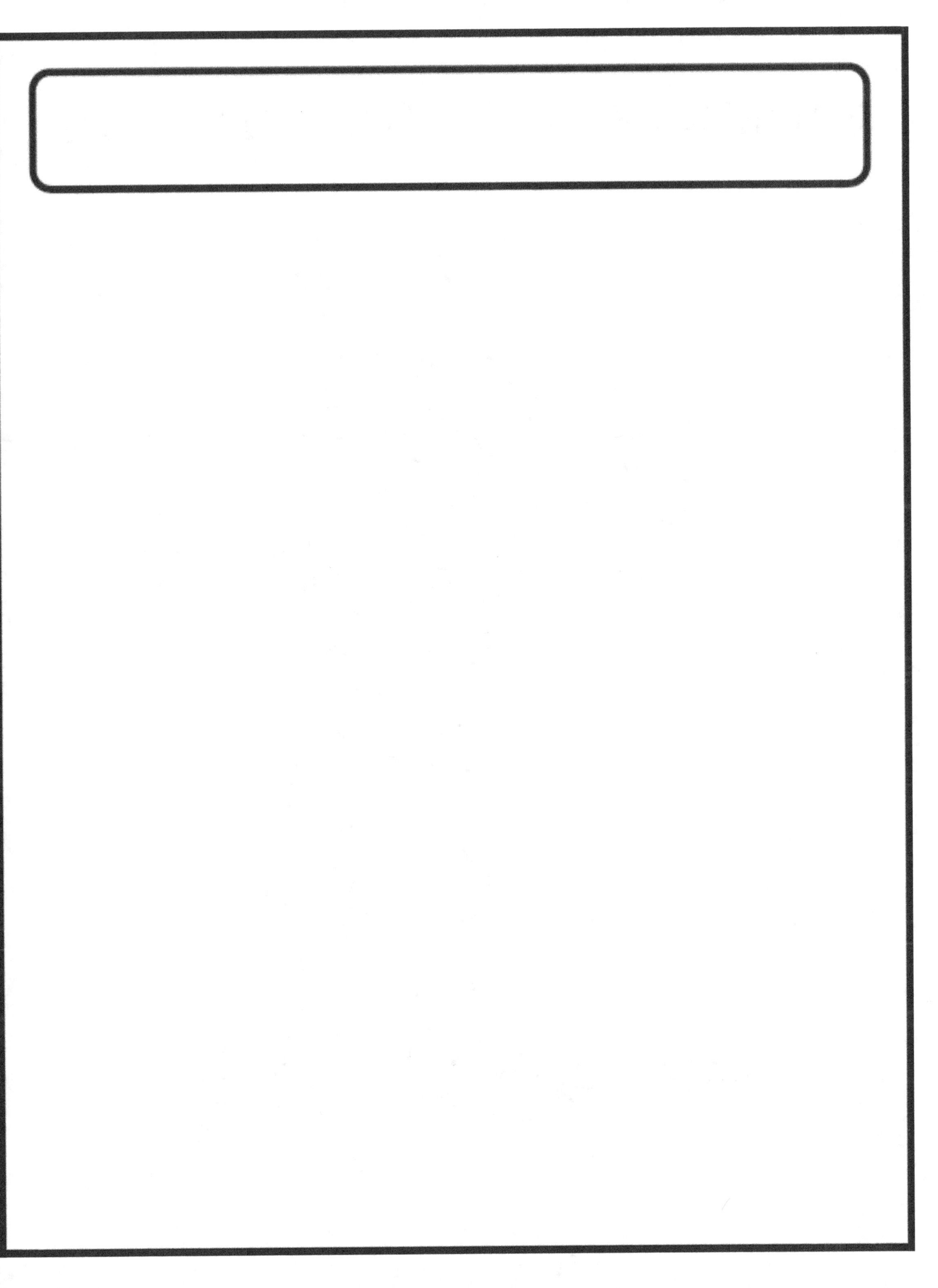

MUMMIE LIBRO DA COLORARE

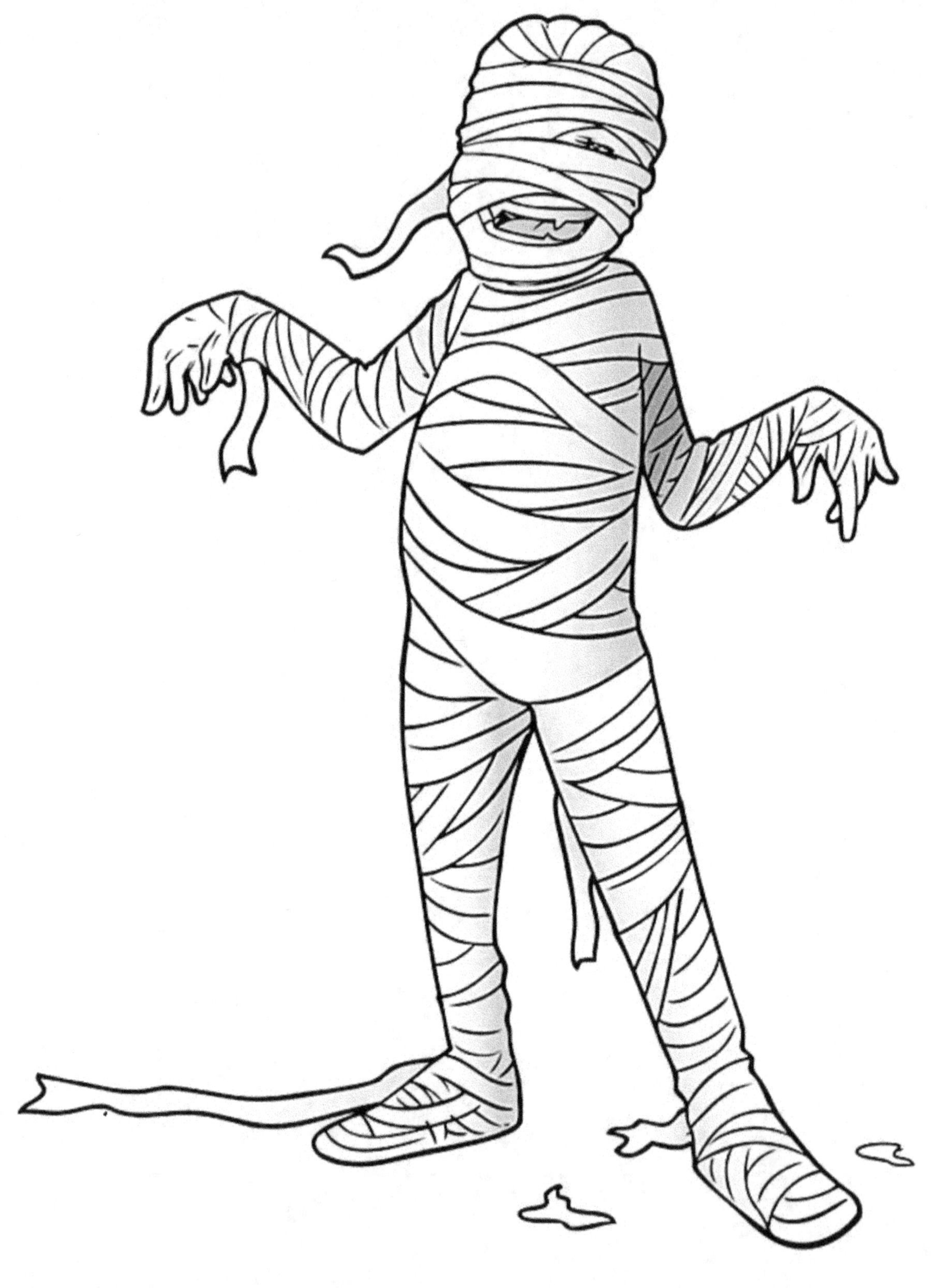

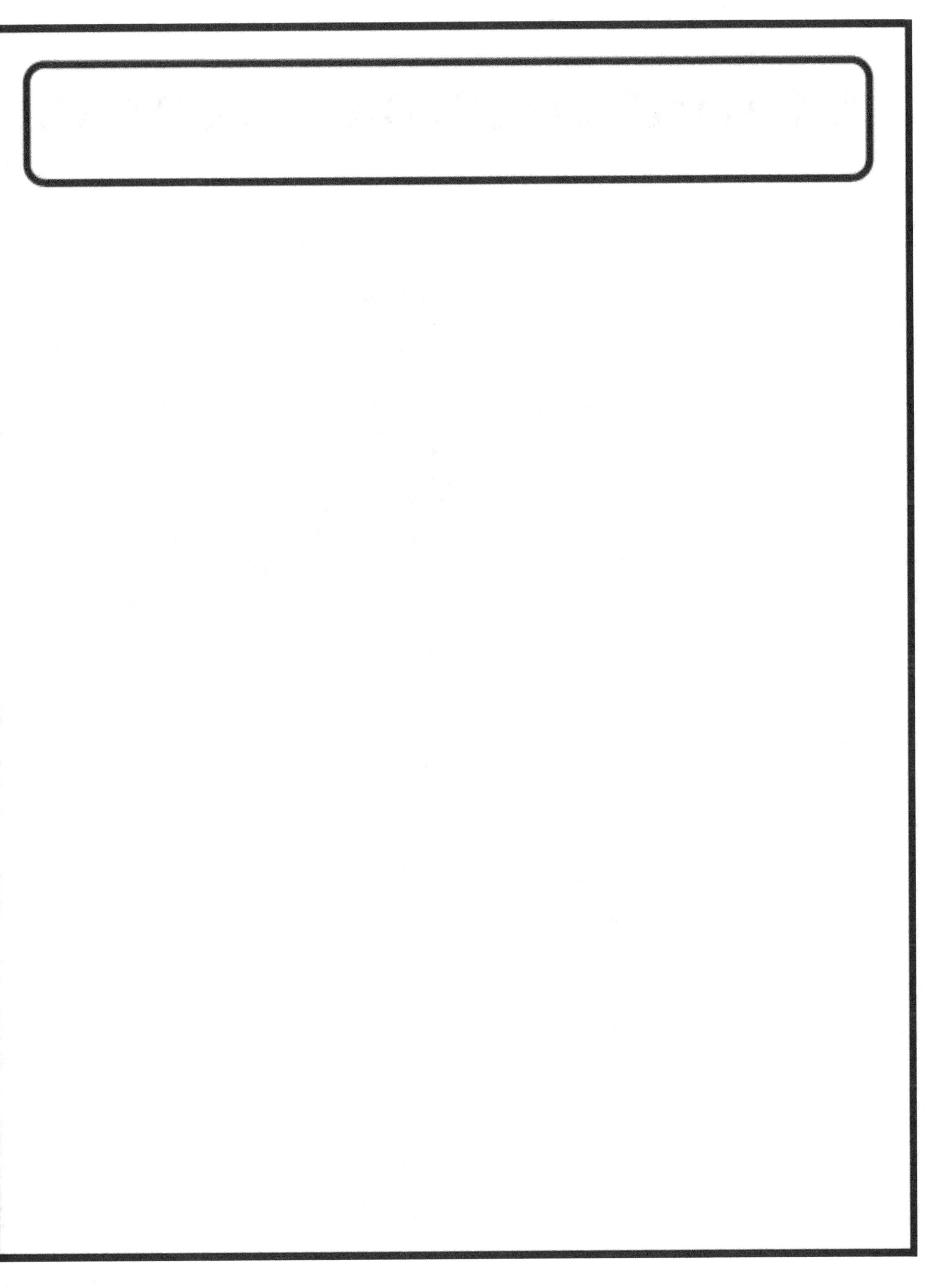

MUMMIE LIBRO DA COLORARE

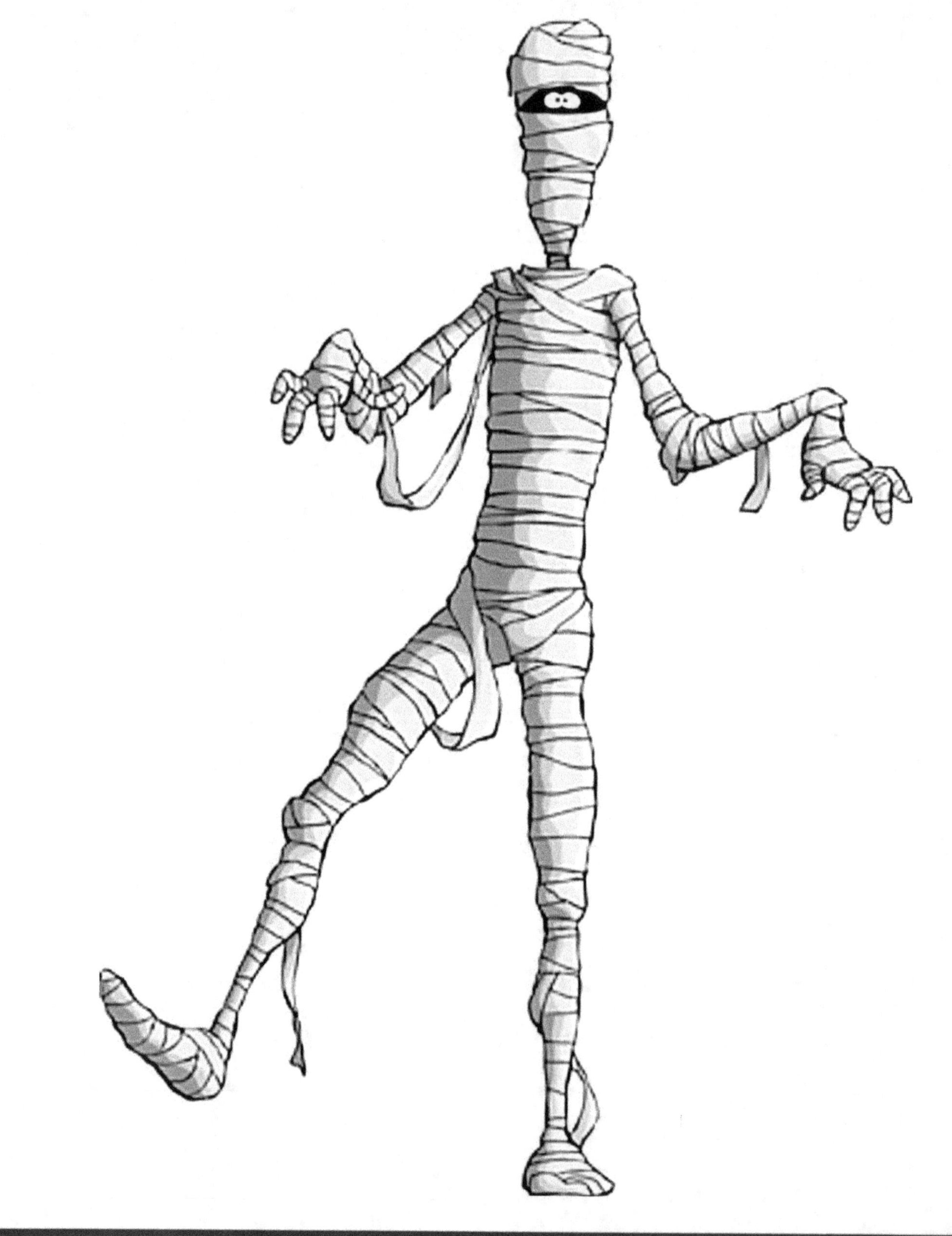

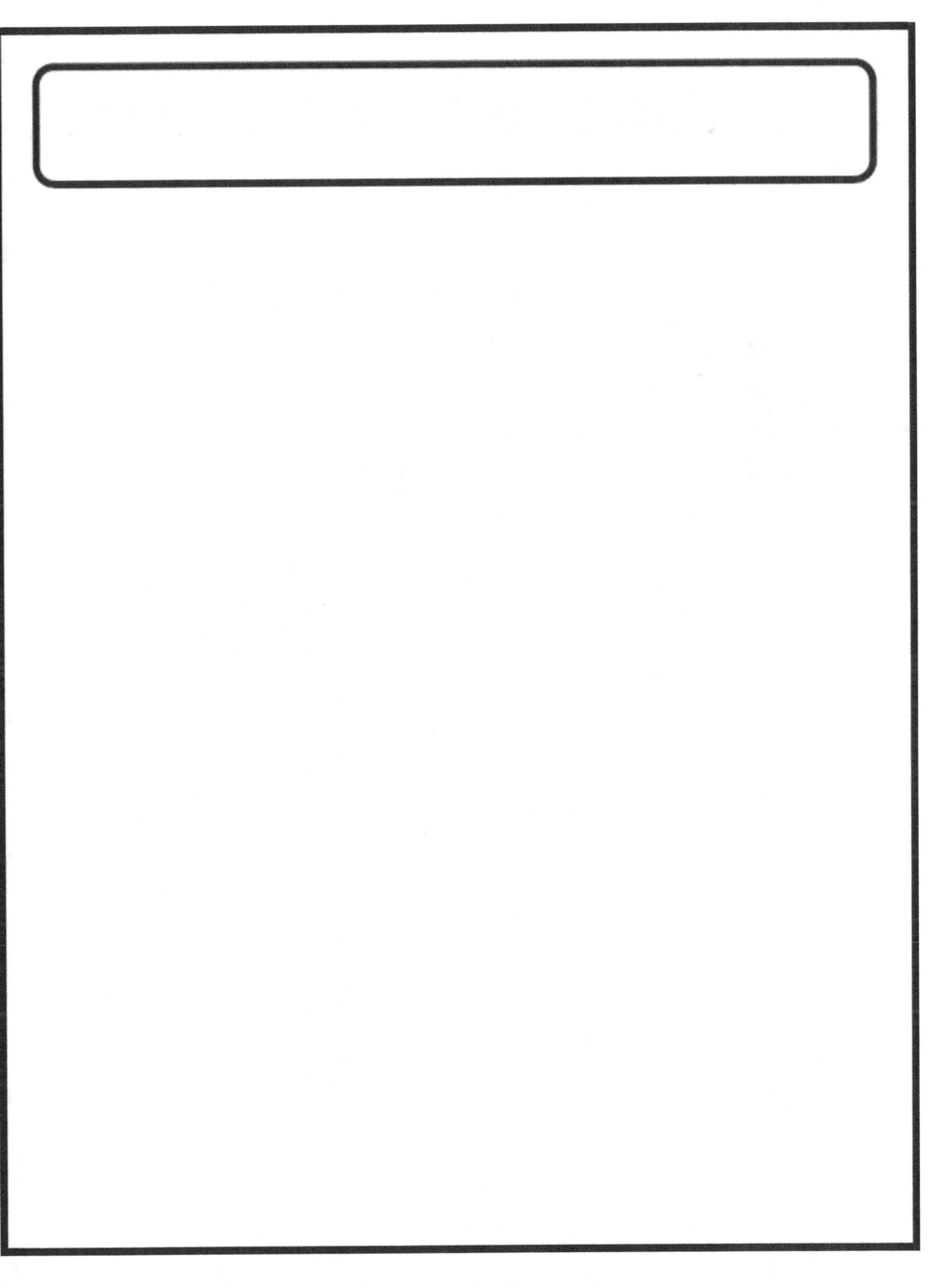

MUMMIE LIBRO DA COLORARE

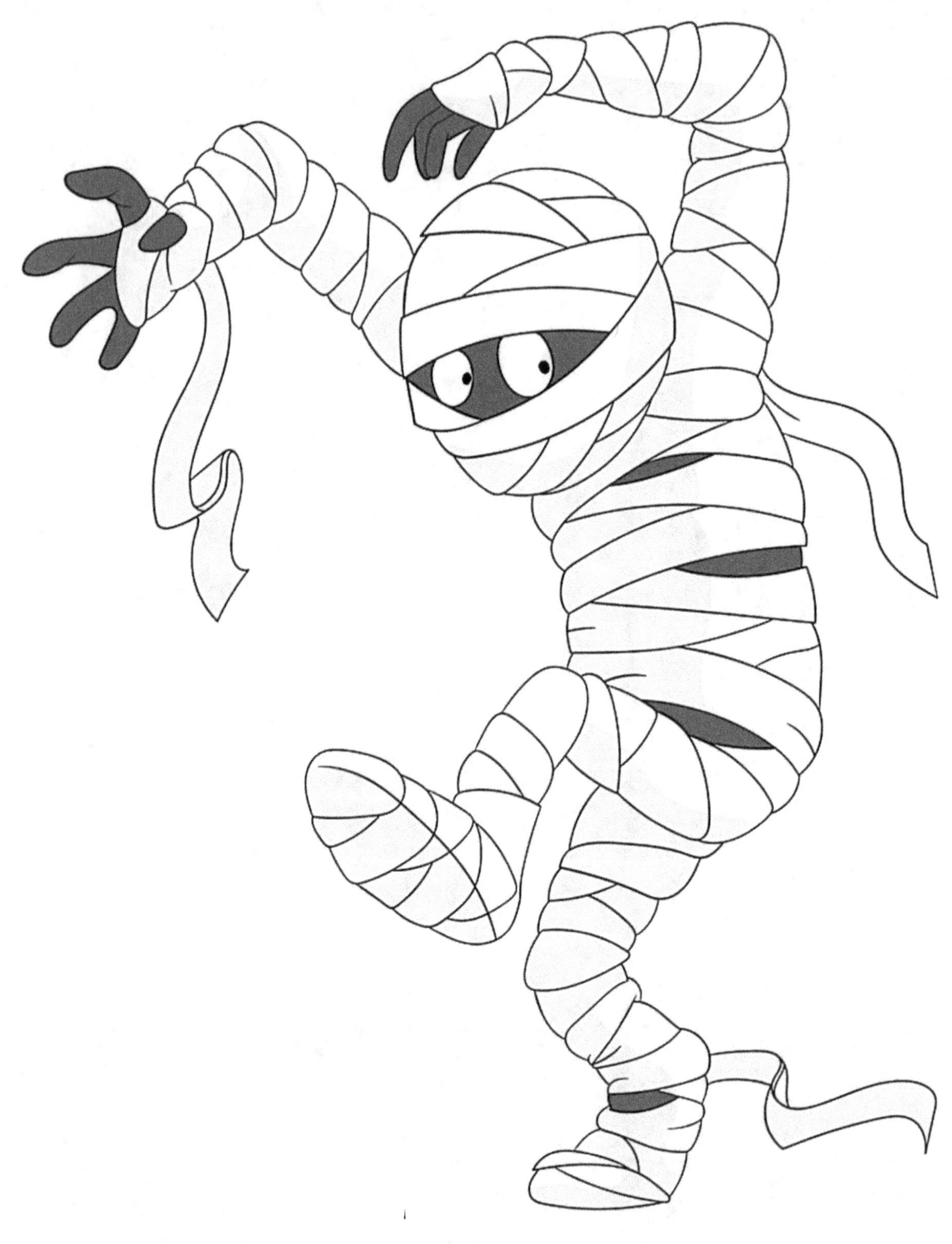

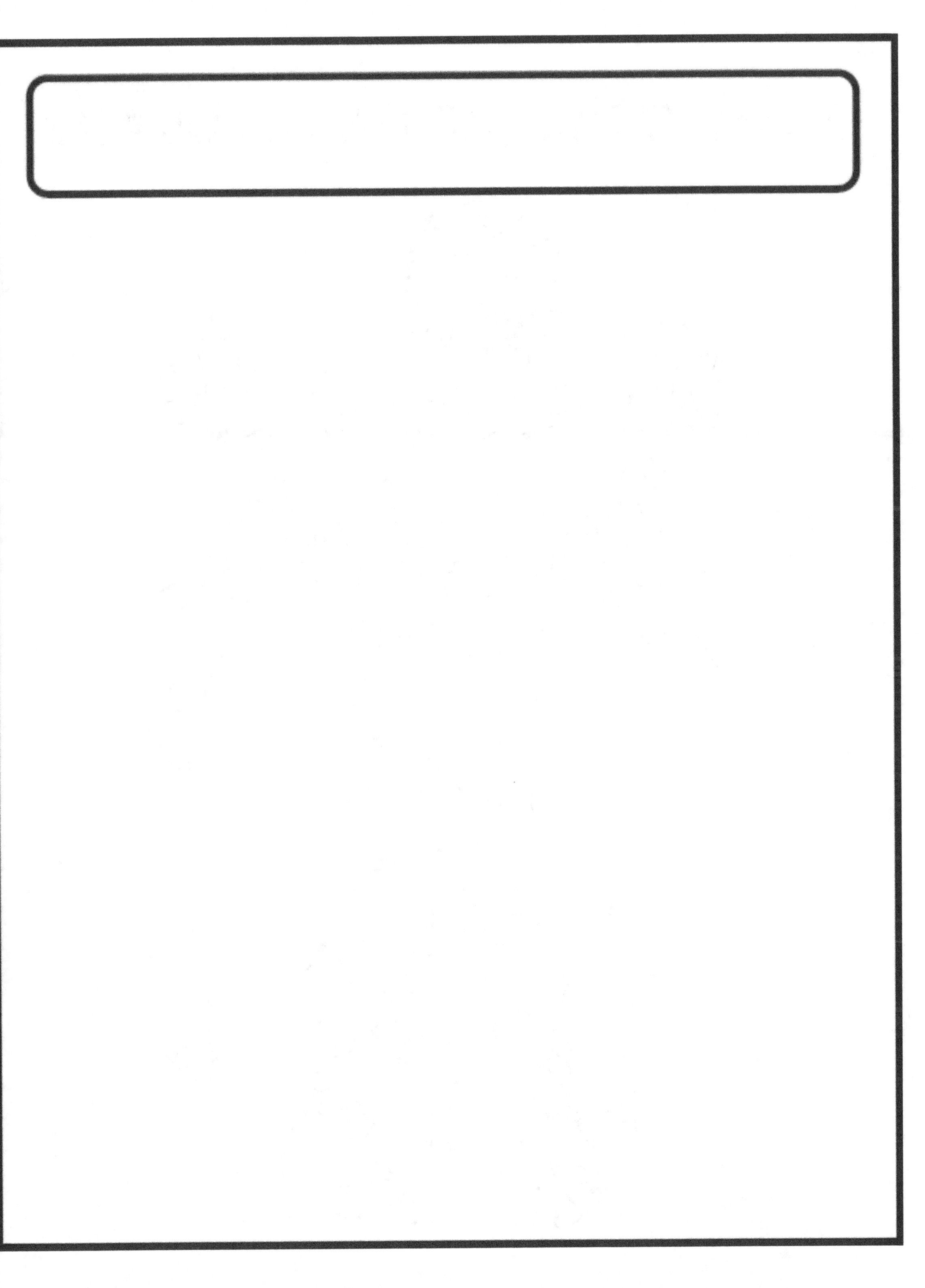

MUMMIE LIBRO DA COLORARE

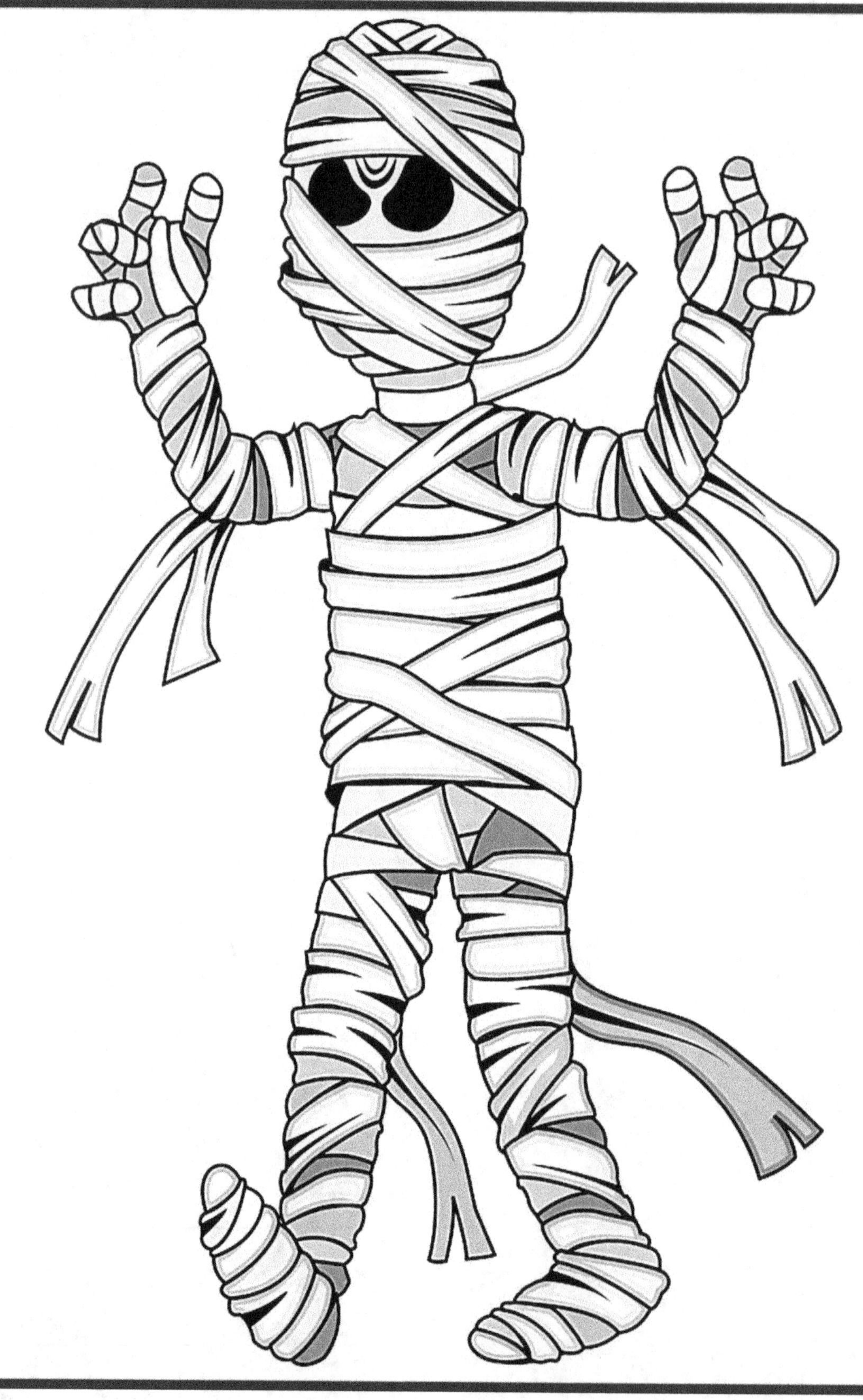

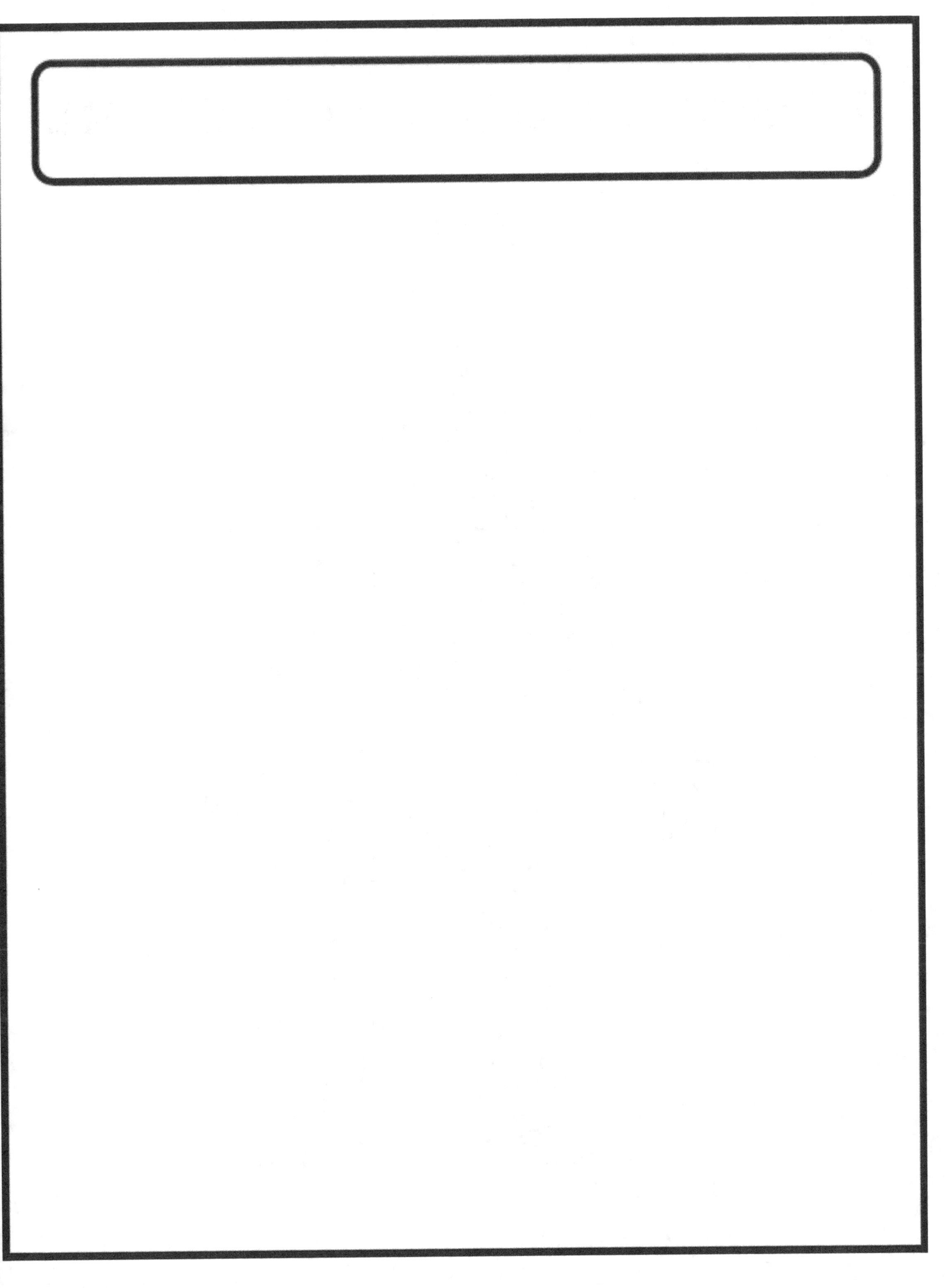

MUMMIE LIBRO DA COLORARE

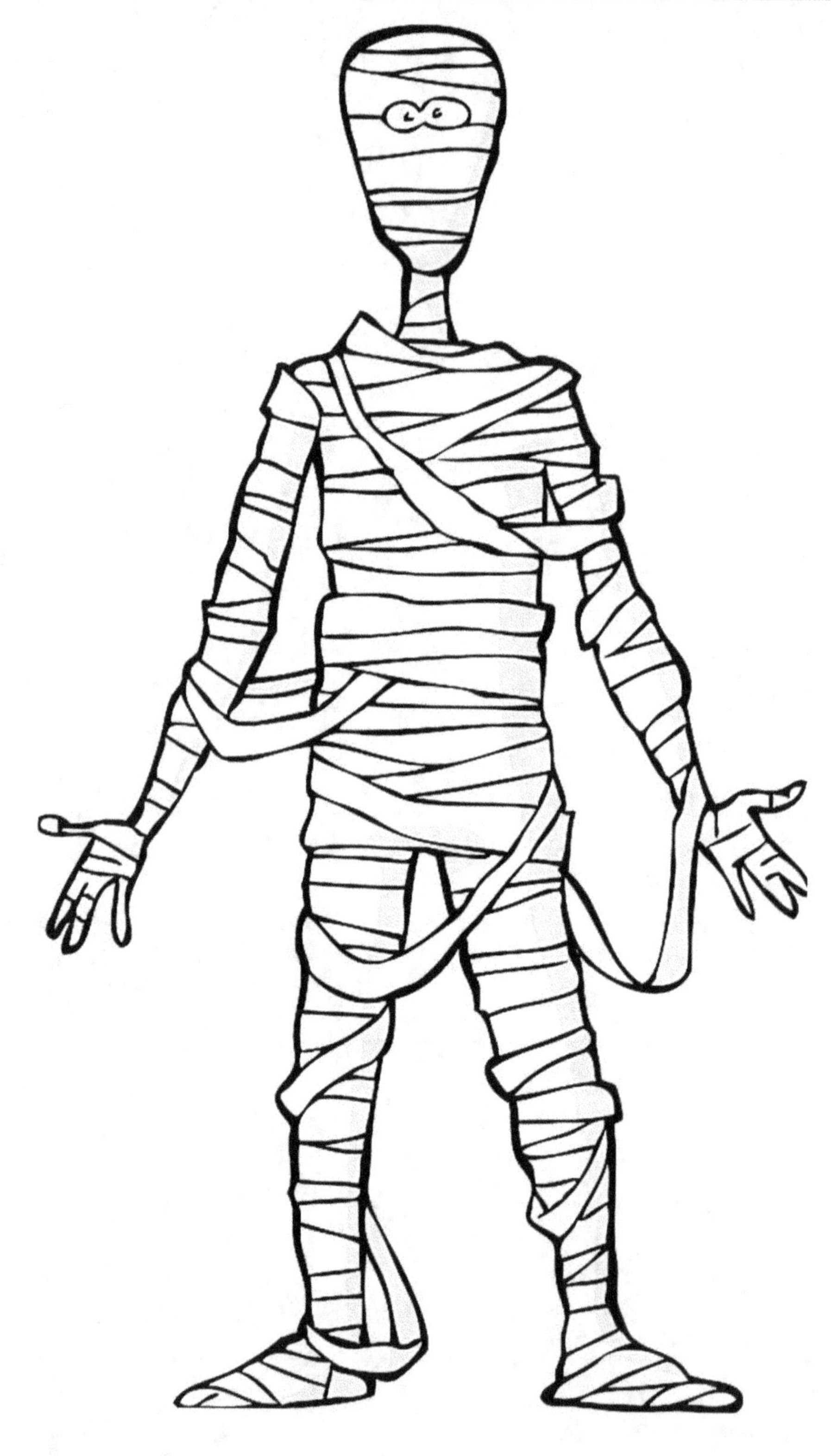

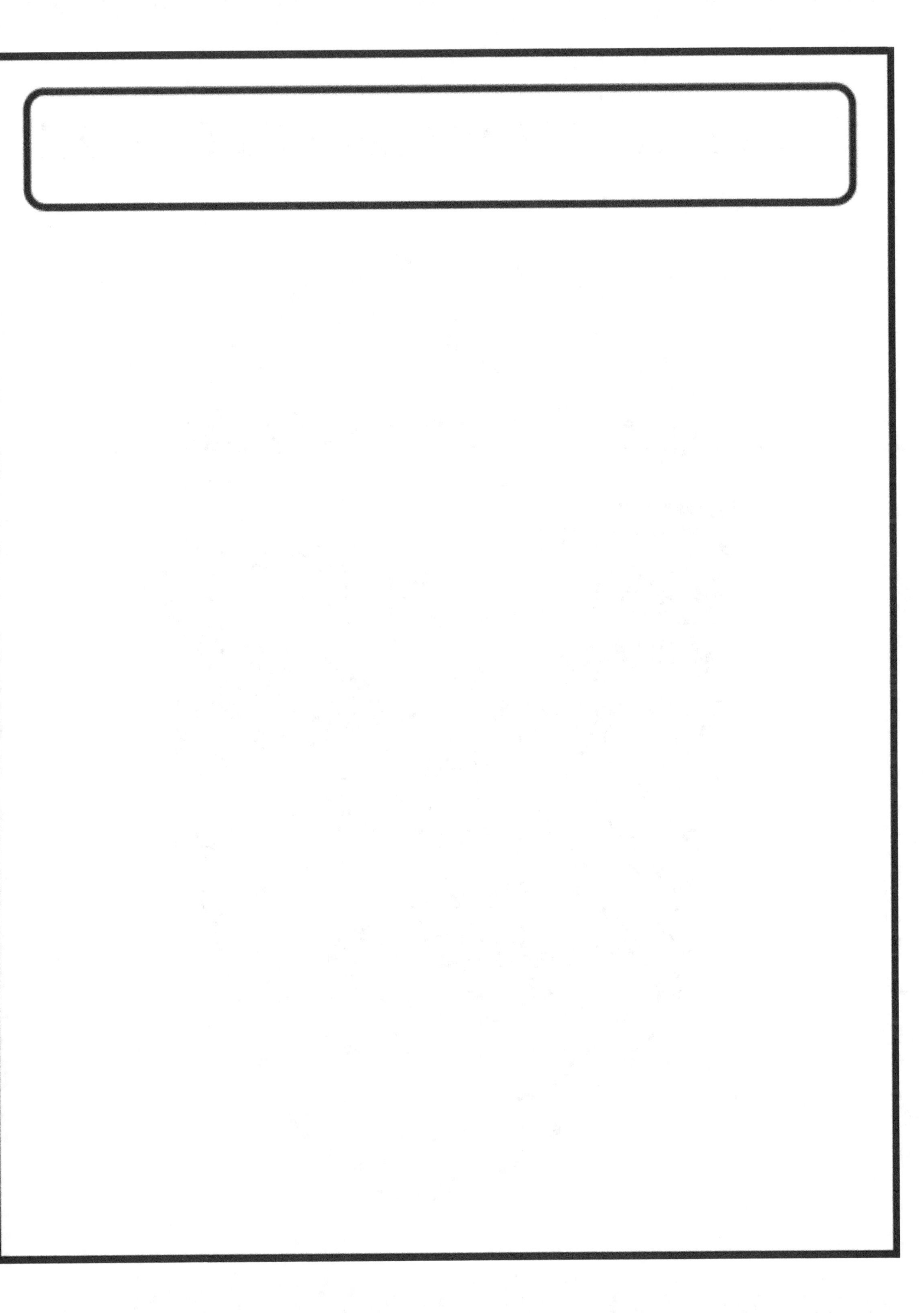

MUMMIE LIBRO DA COLORARE

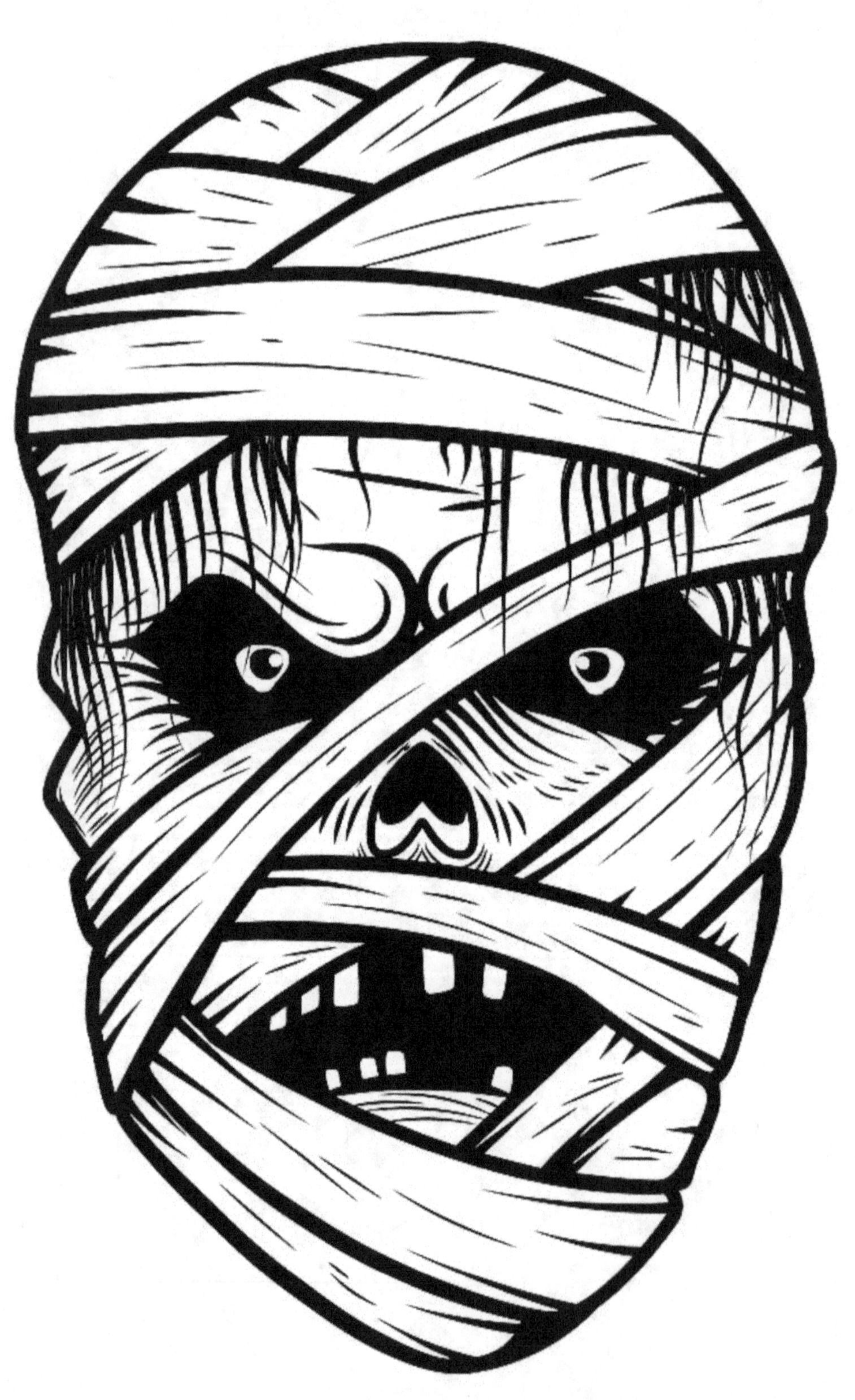

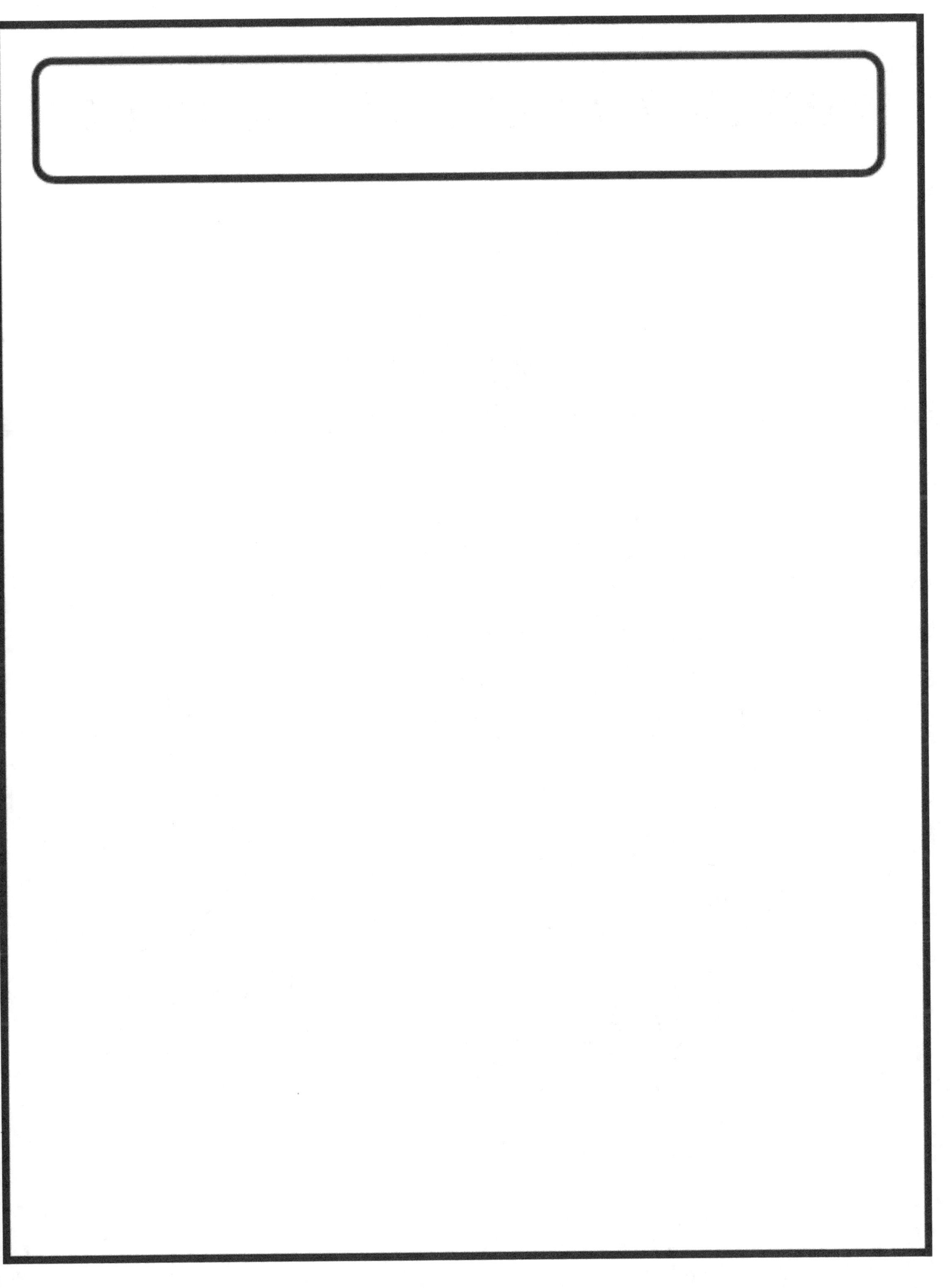

MUMMIE LIBRO DA COLORARE

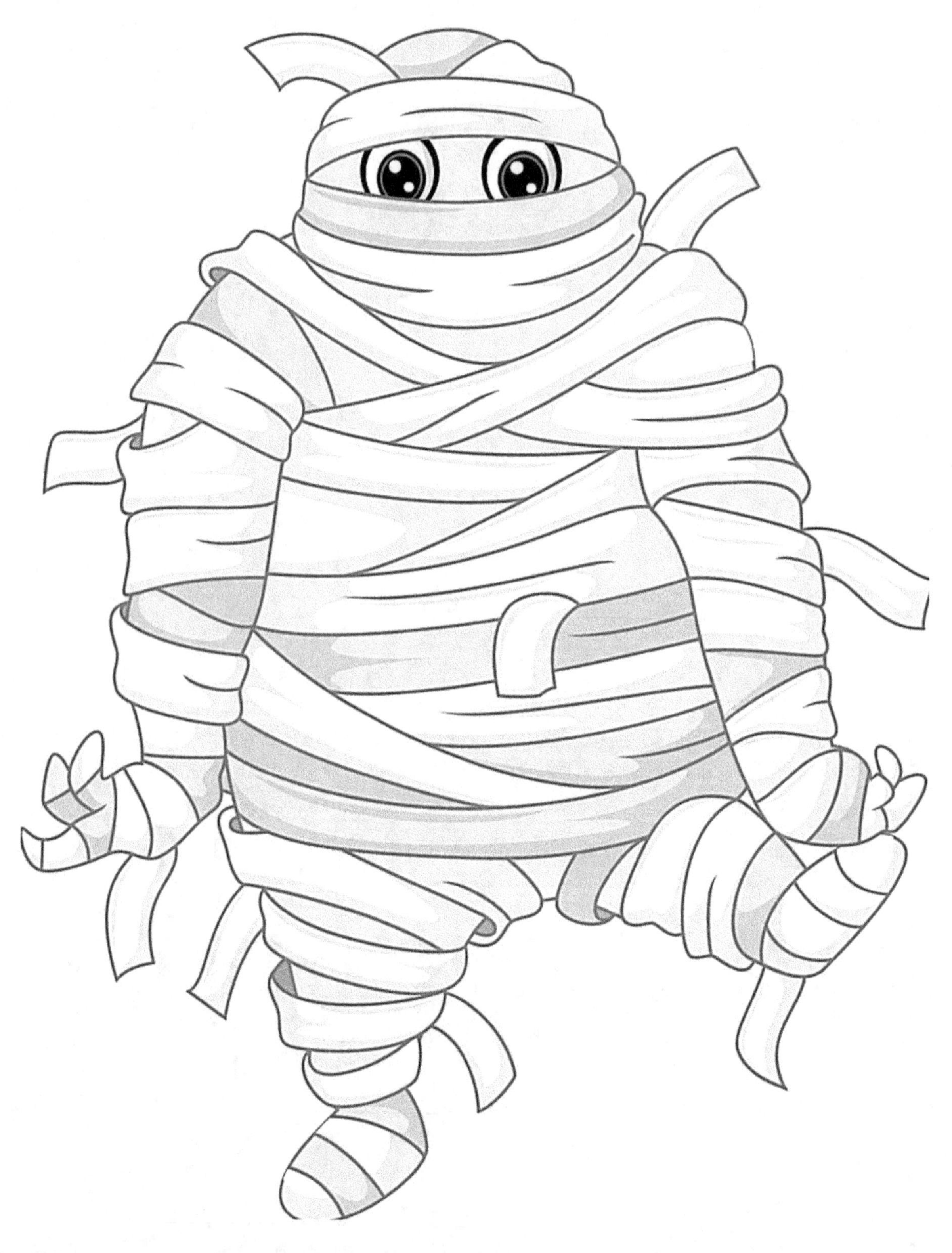

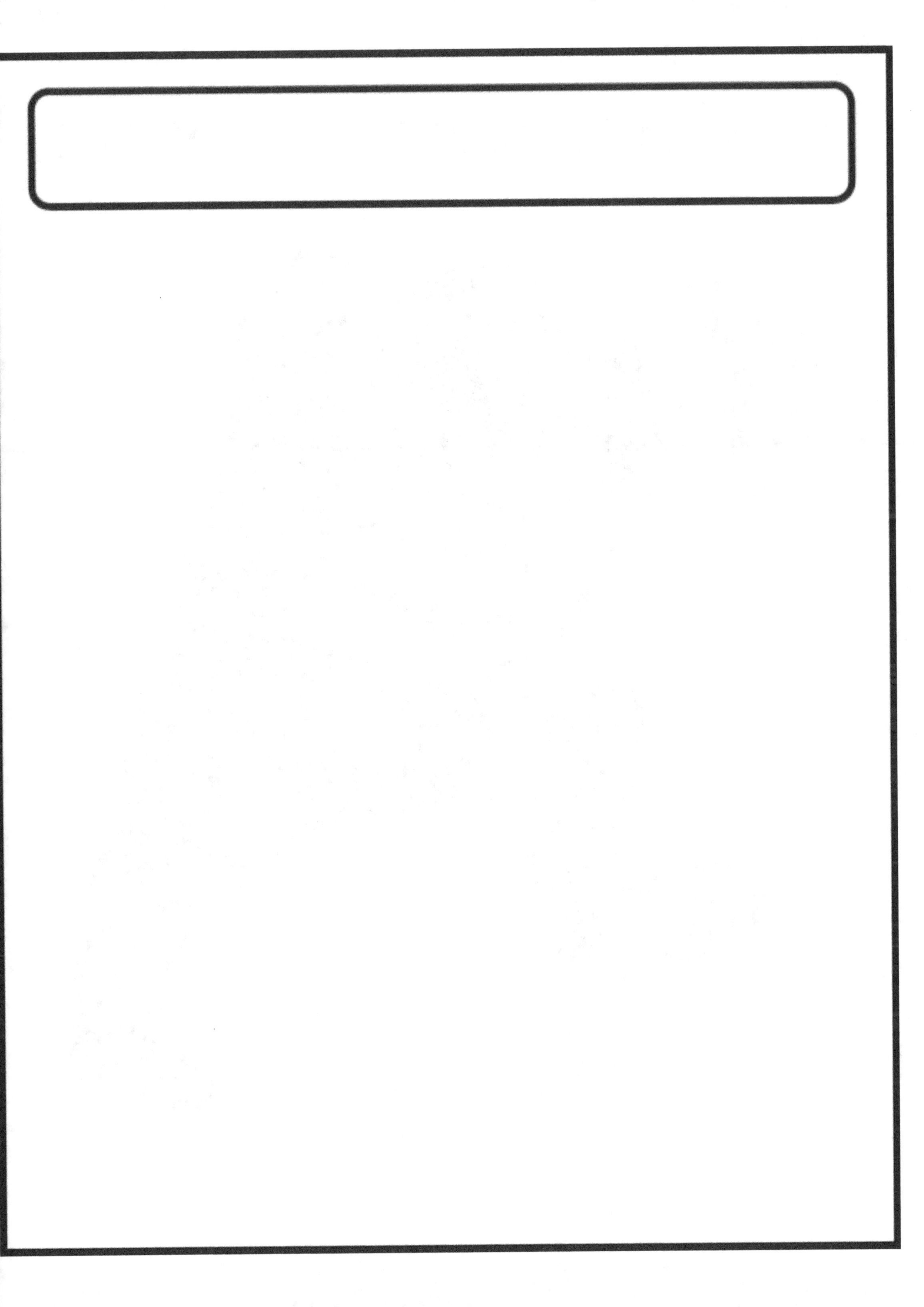

MUMMIE LIBRO DA COLORARE

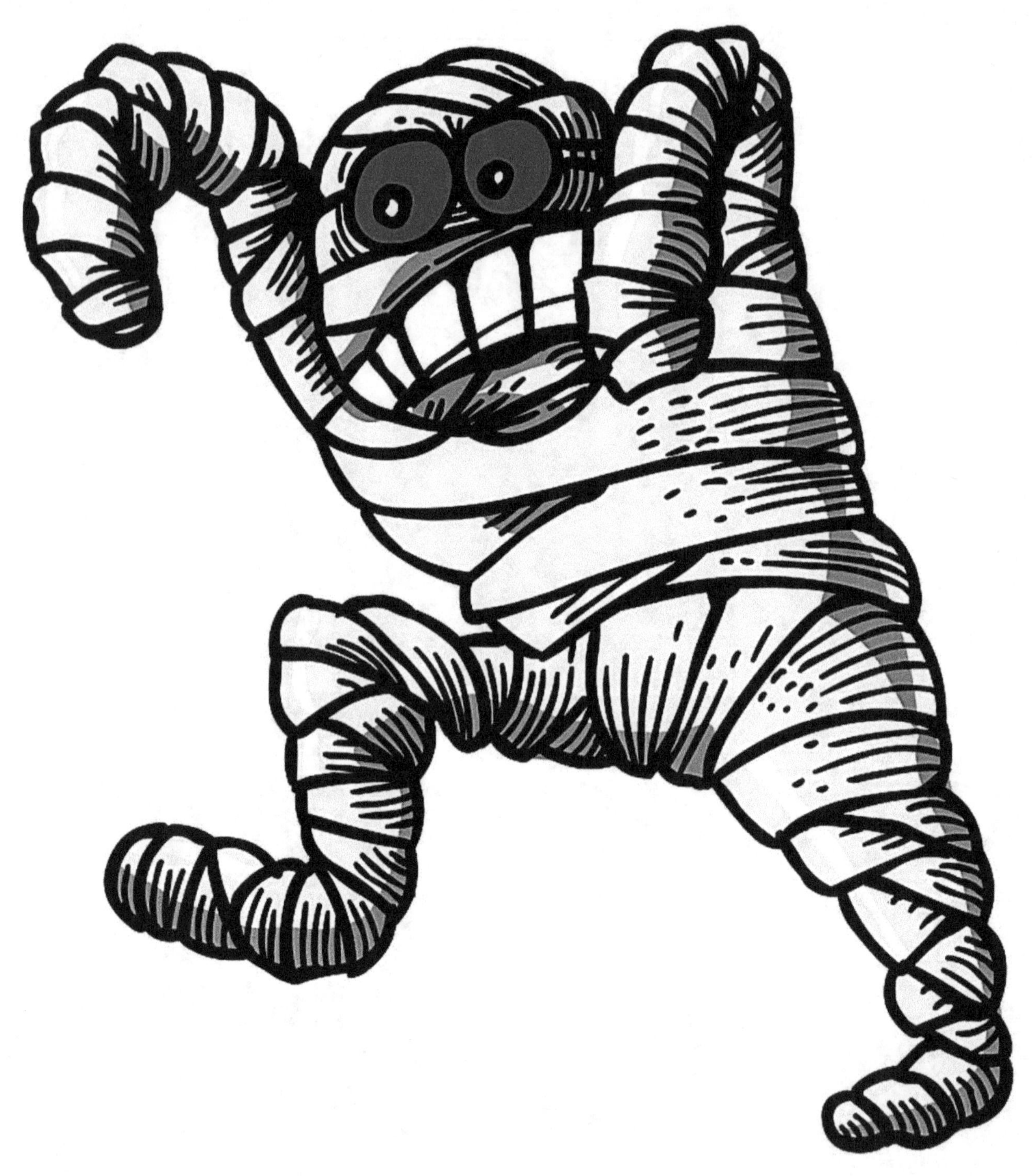

MUMMIE LIBRO DA COLORARE

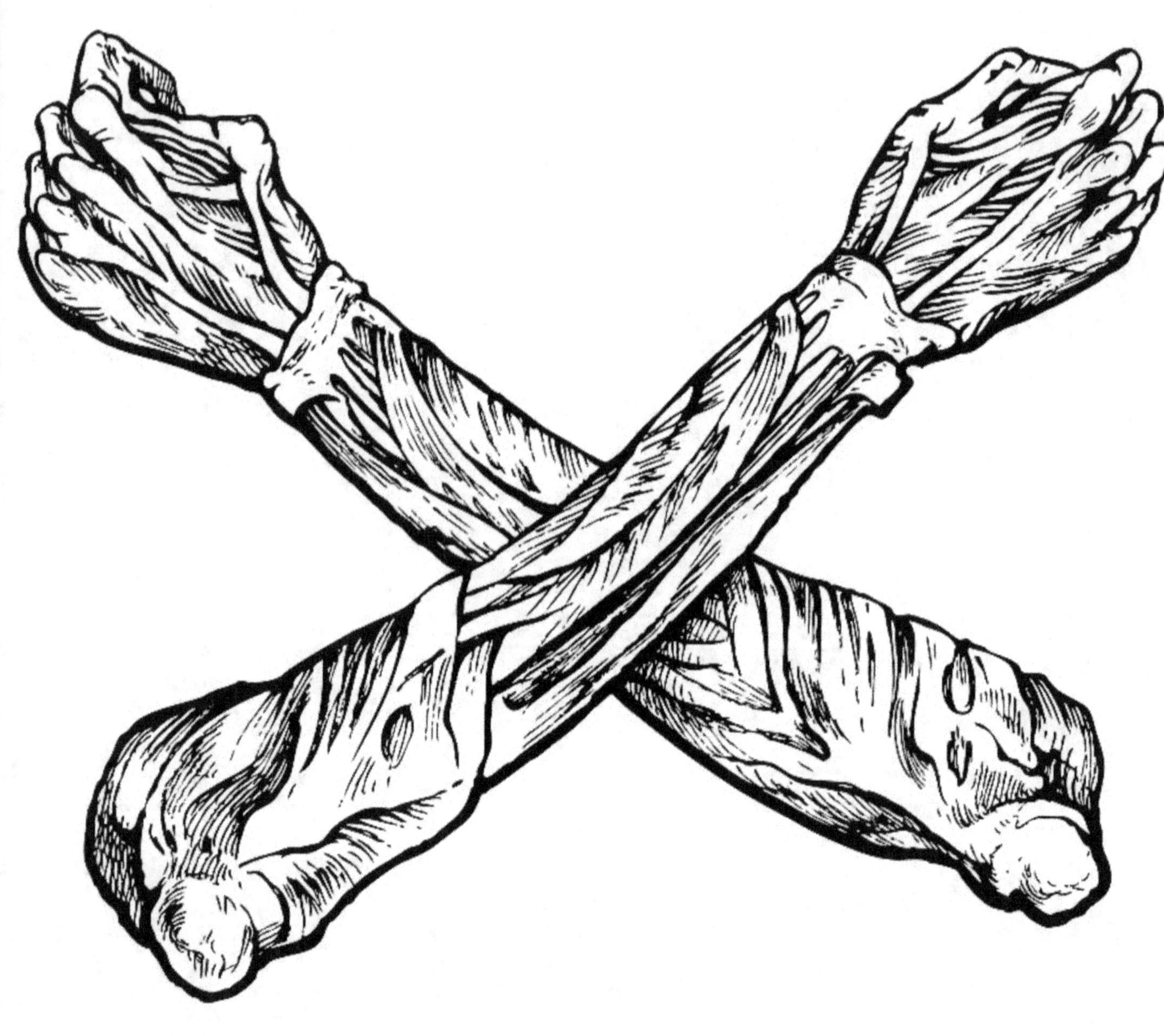

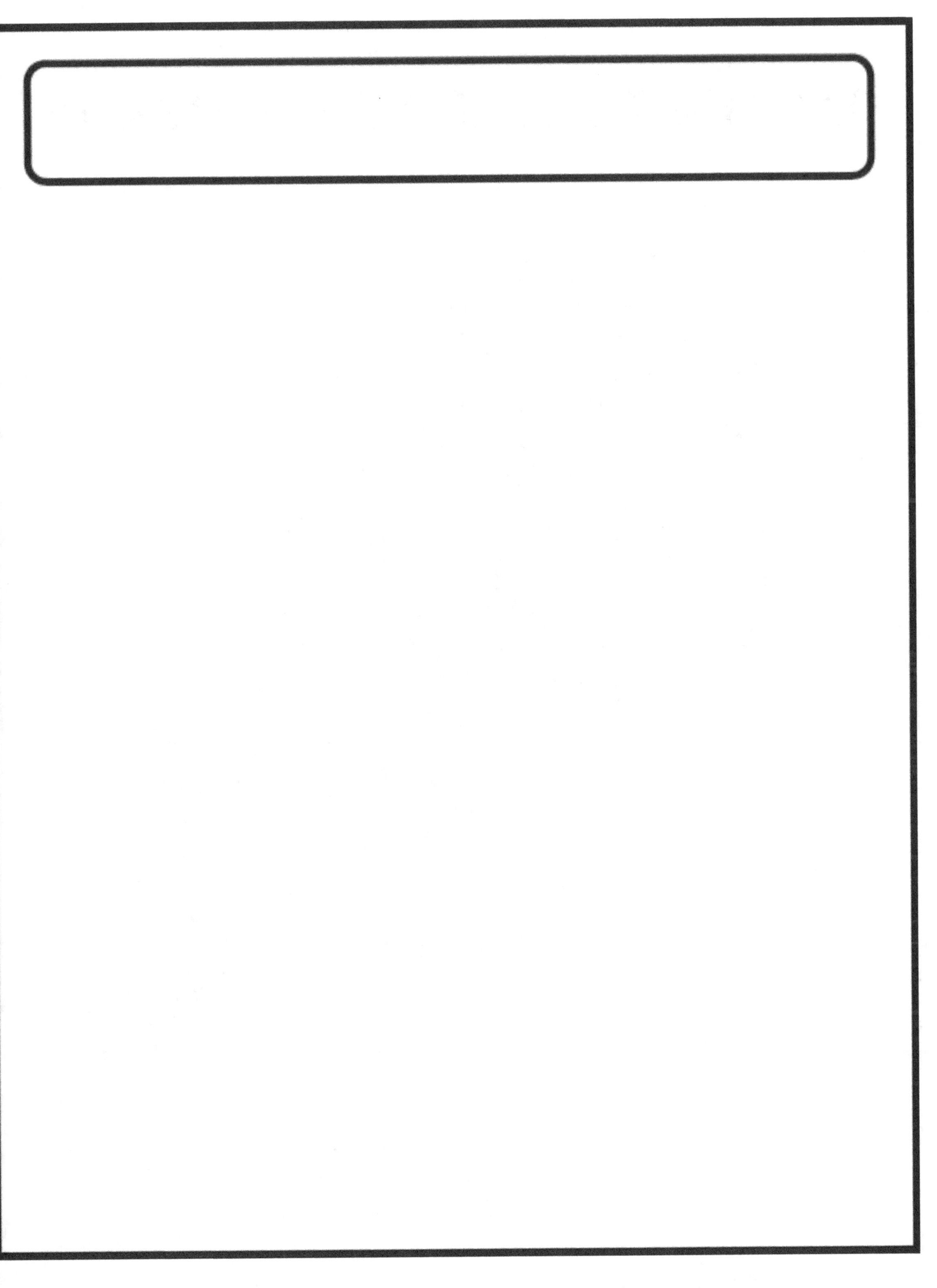

MUMMIE LIBRO DA COLORARE

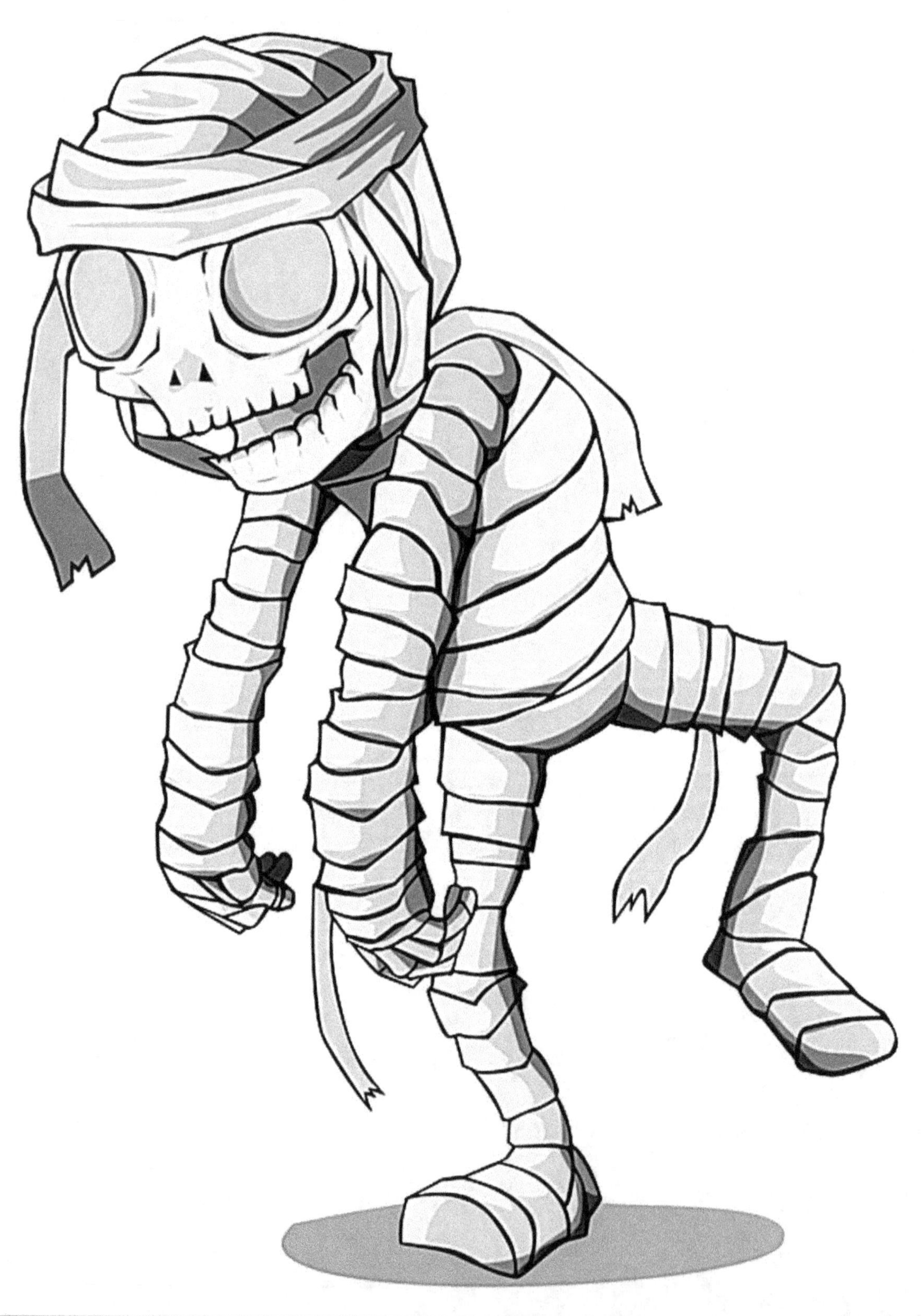

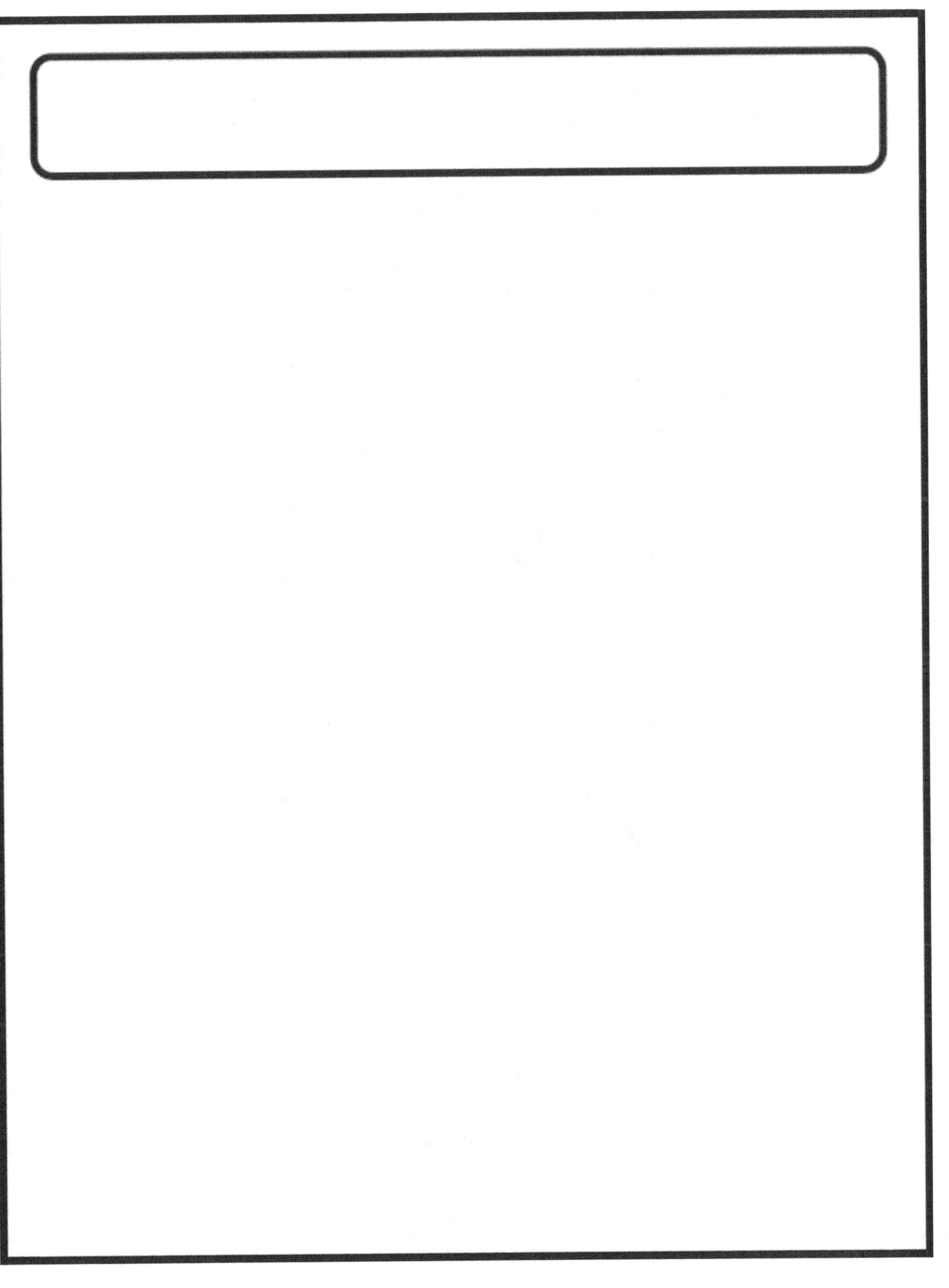

MUMMIE LIBRO DA COLORARE

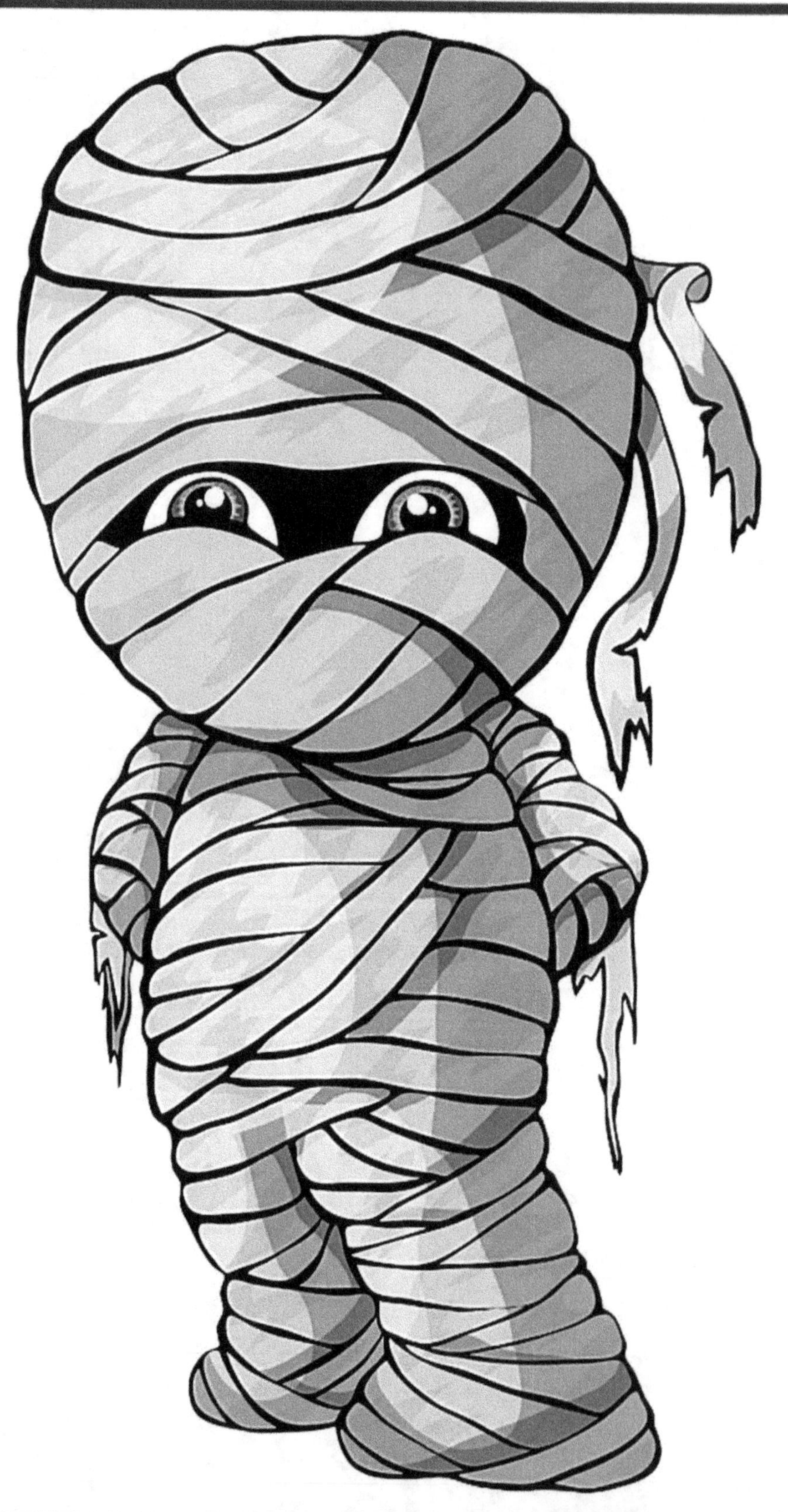

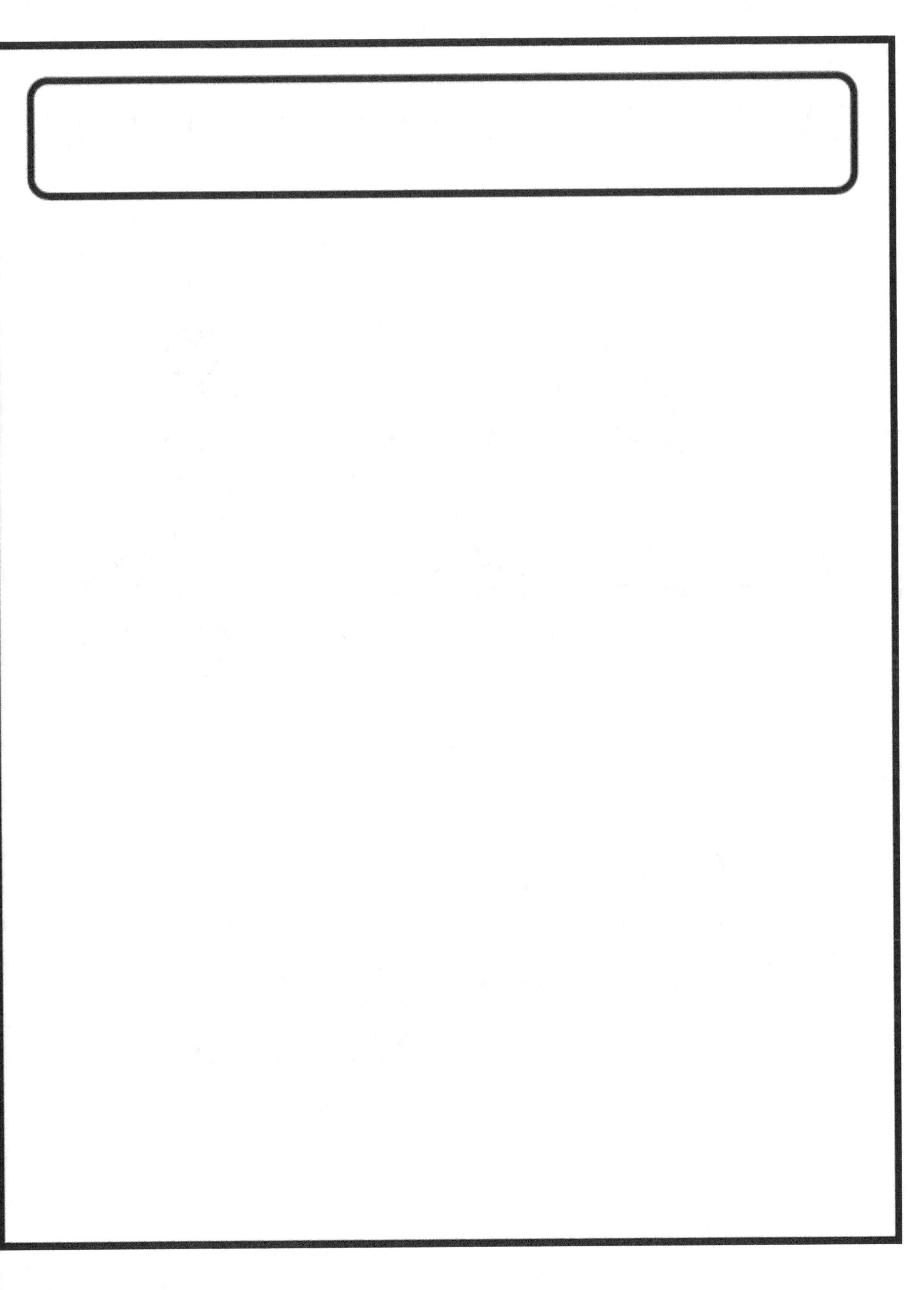

MUMMIE LIBRO DA COLORARE

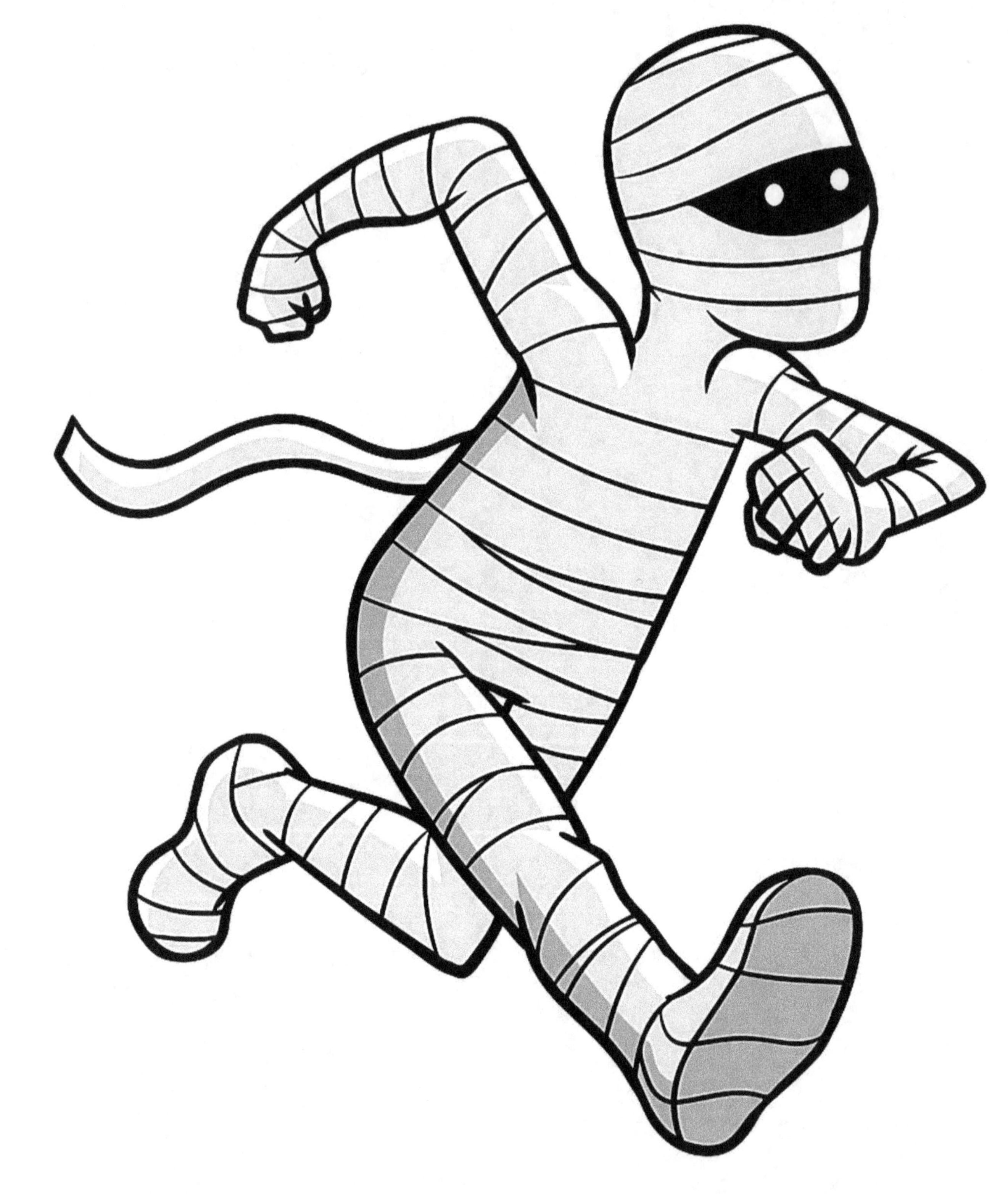

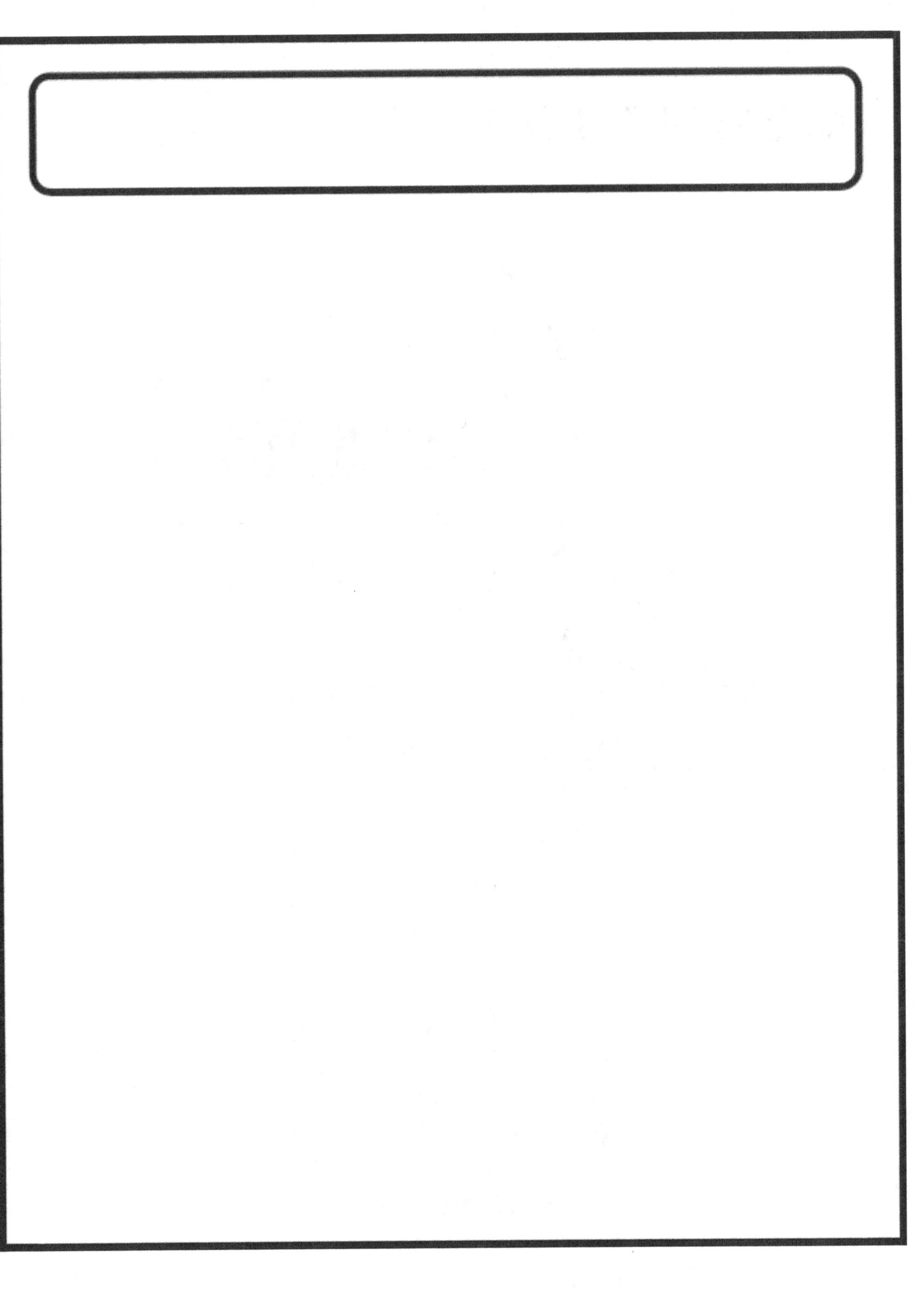

MUMMIE LIBRO DA COLORARE

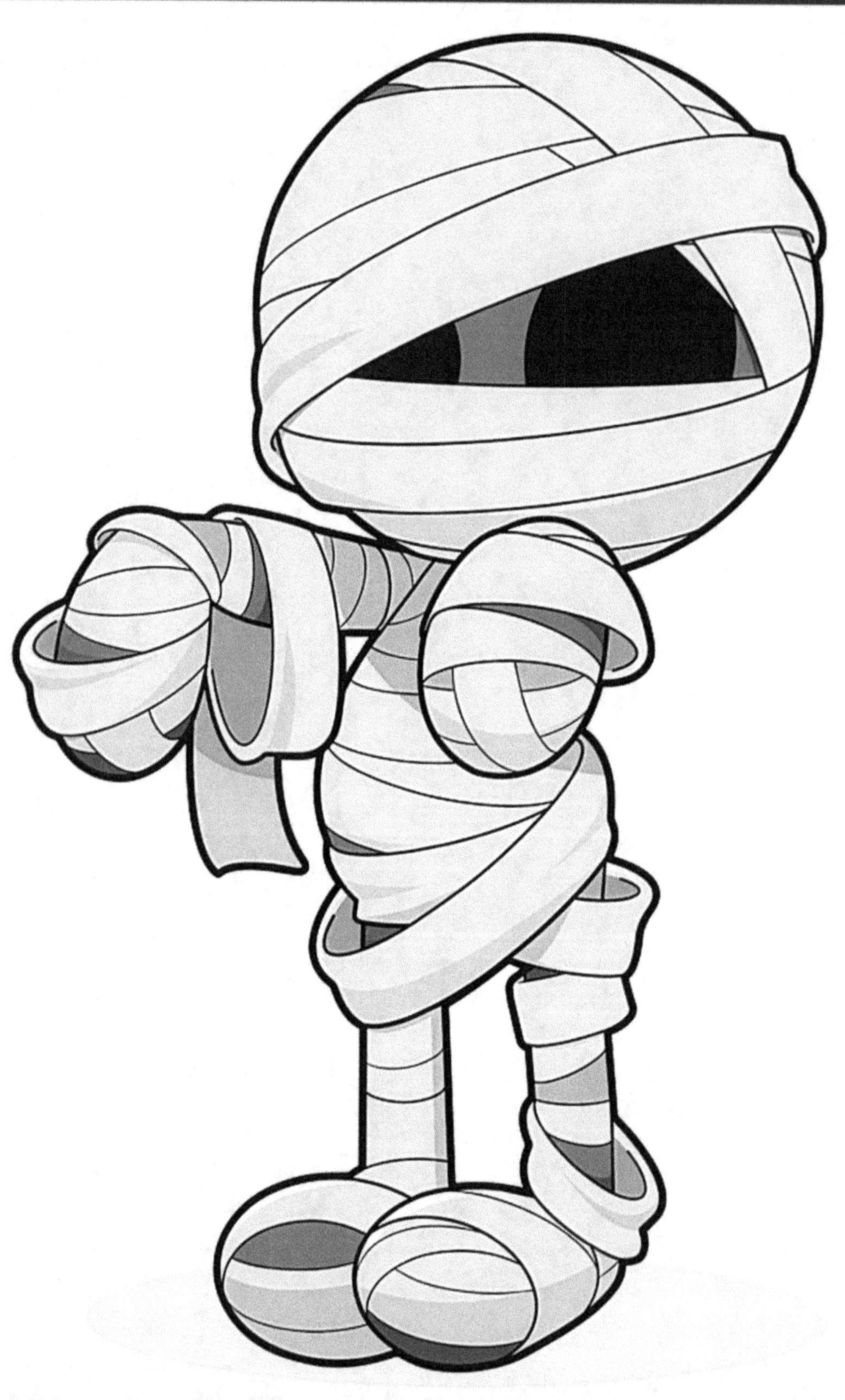

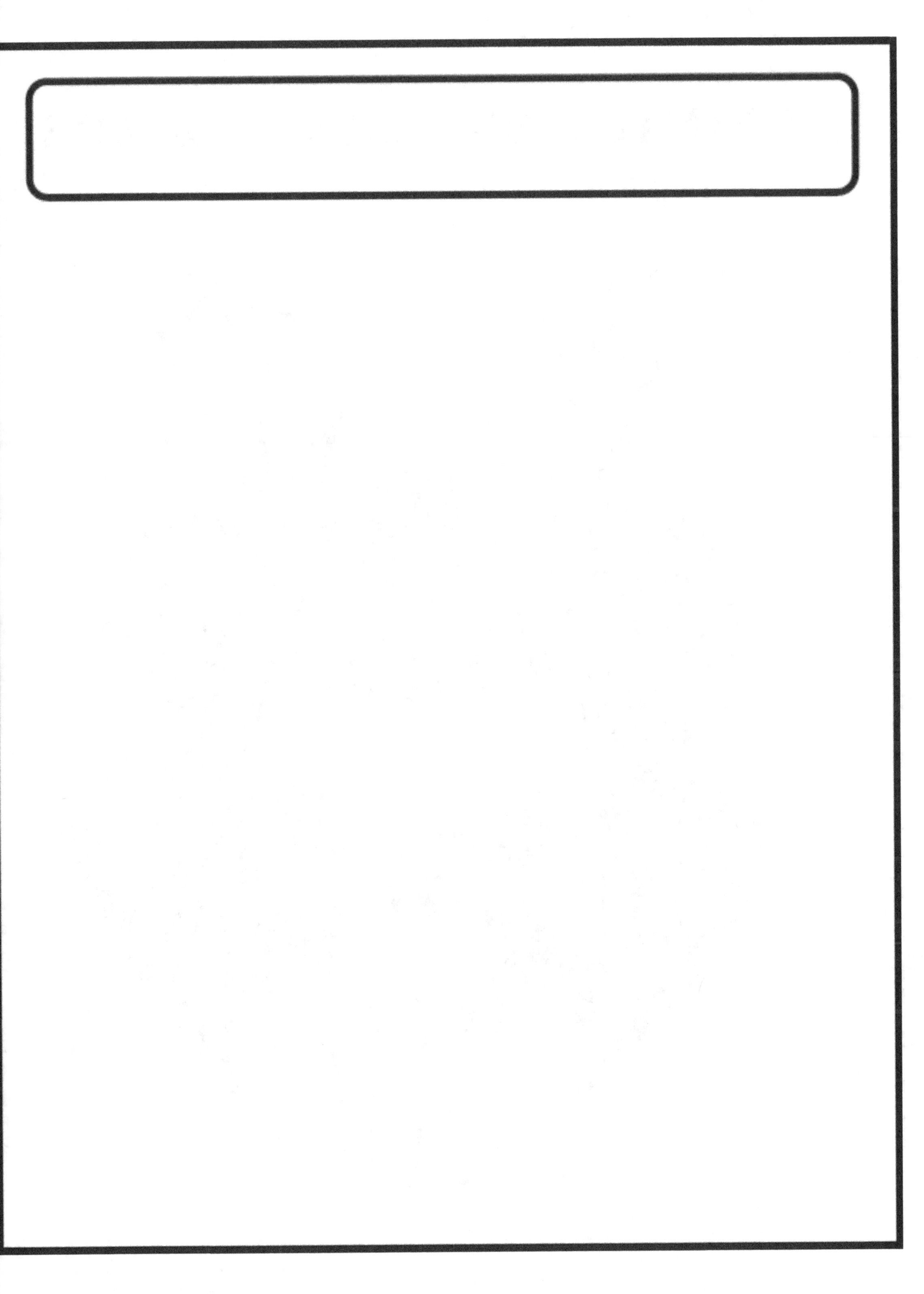

MUMMIE LIBRO DA COLORARE

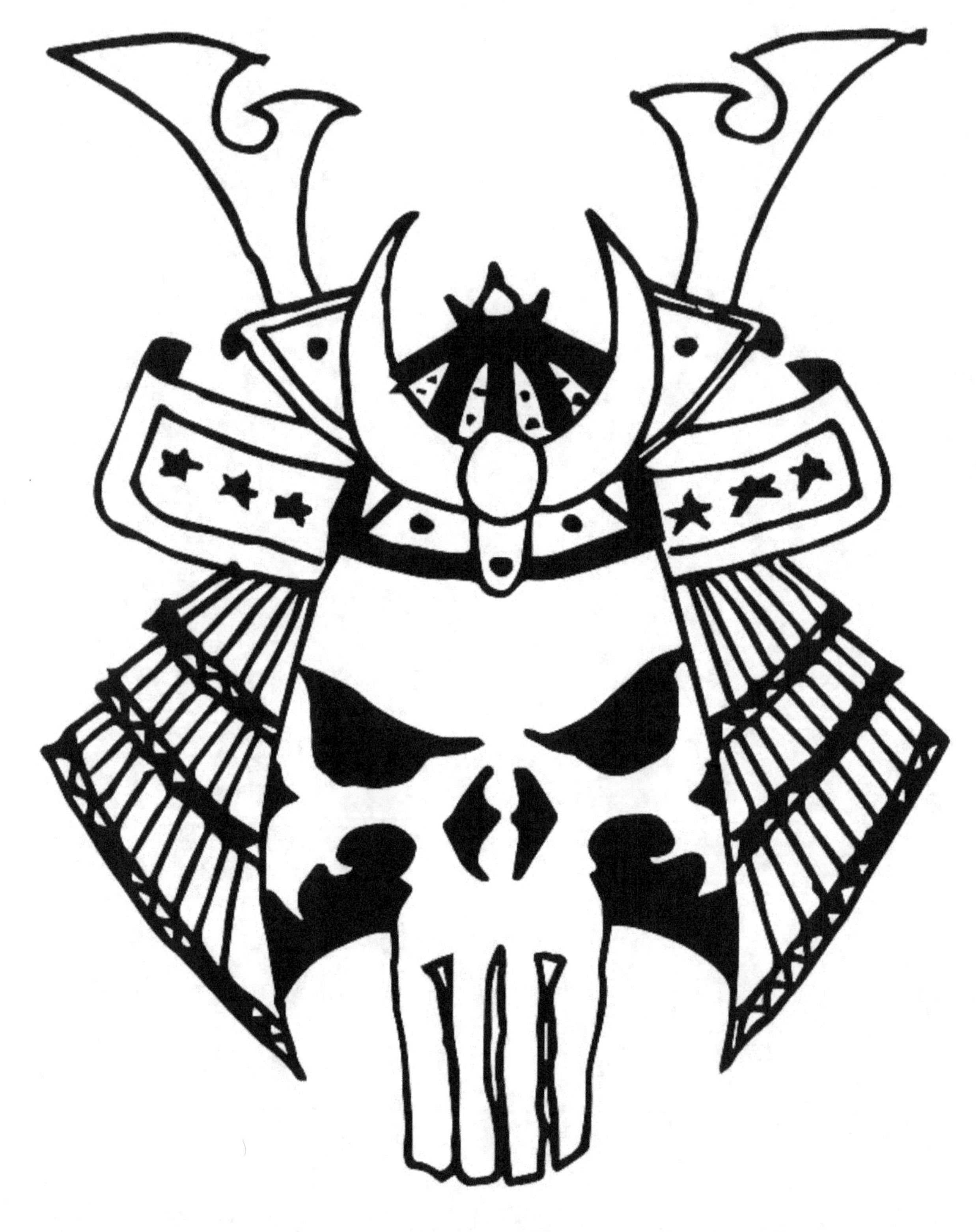

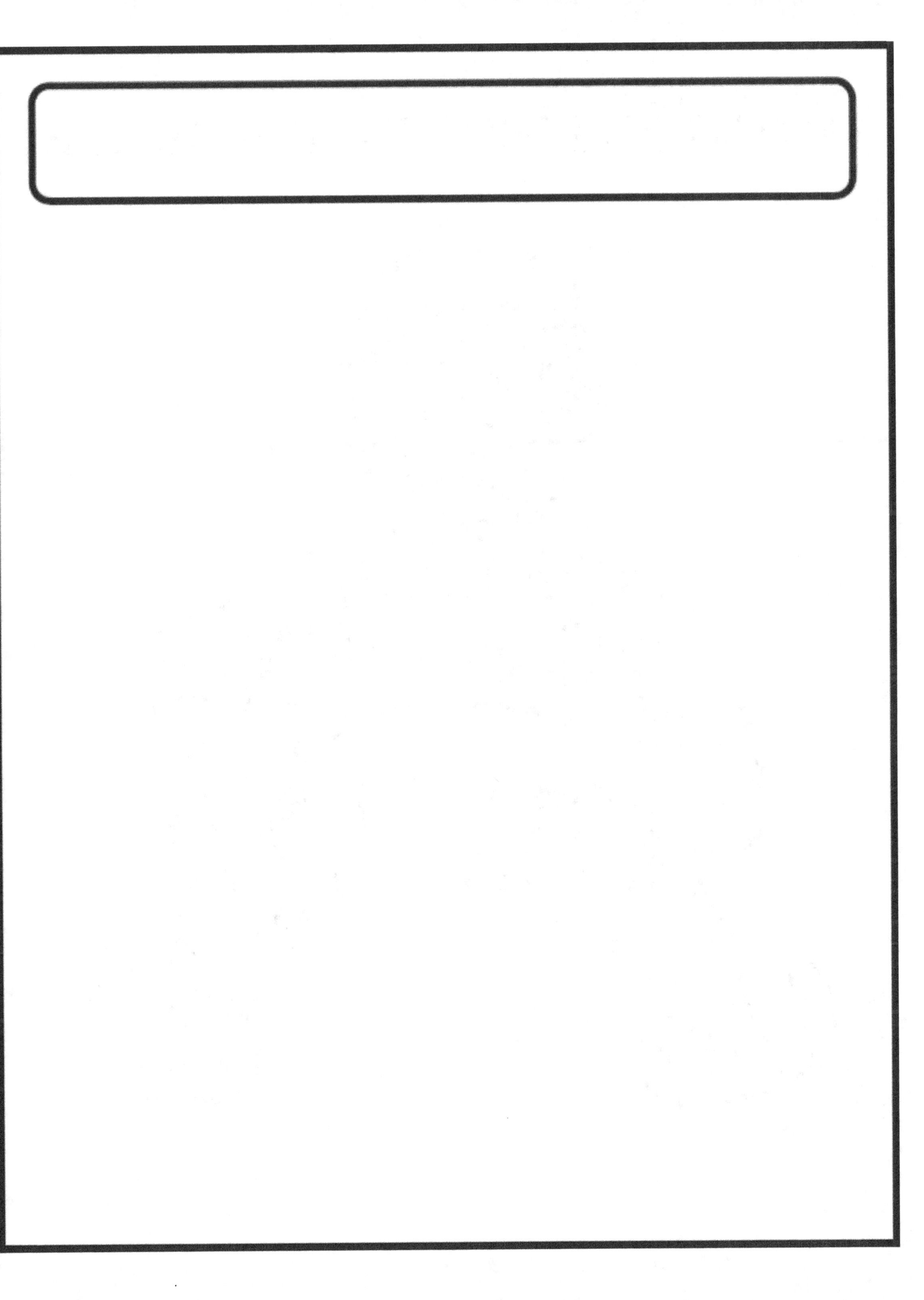

MUMMIE LIBRO DA COLORARE

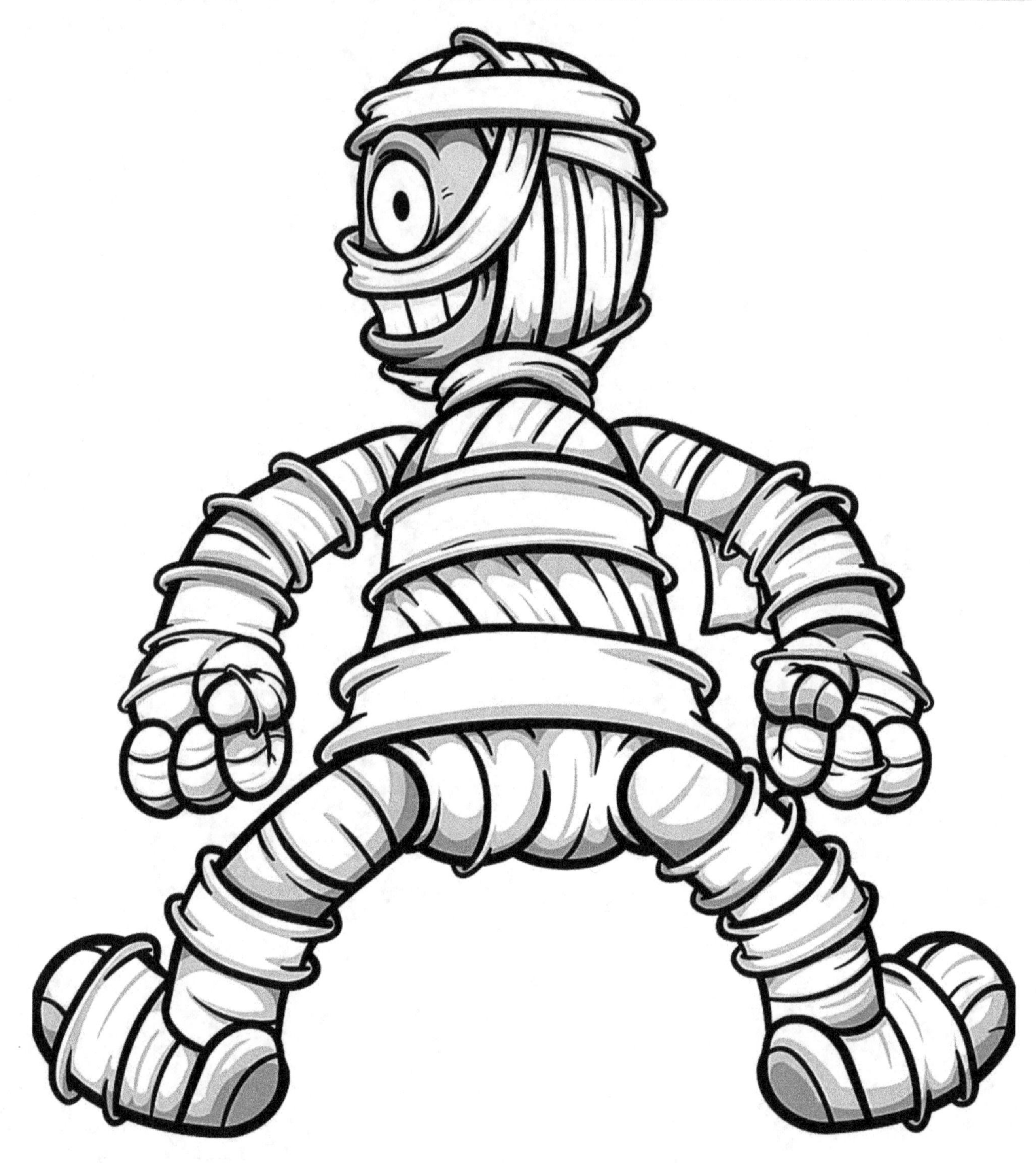

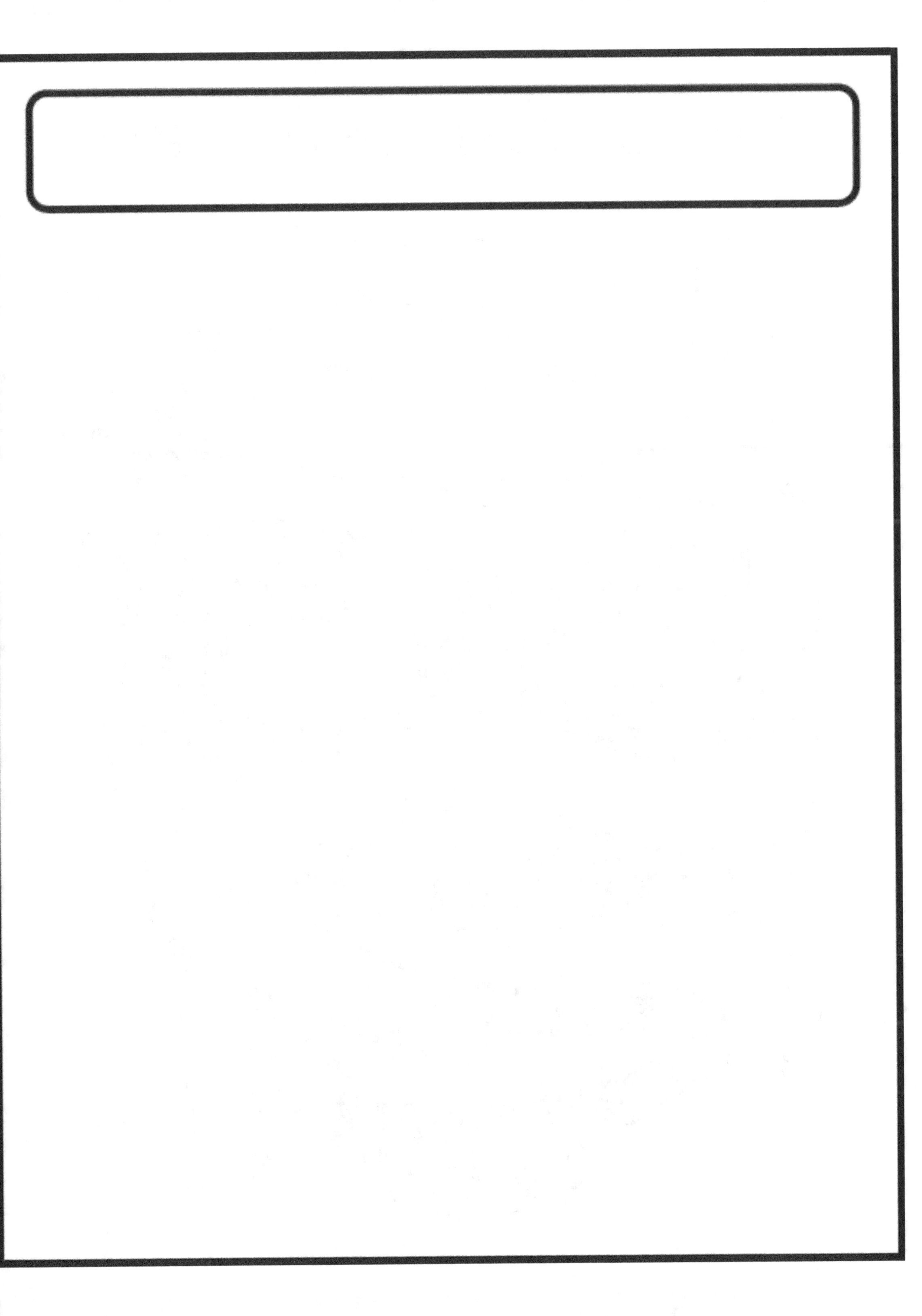

MUMMIE LIBRO DA COLORARE

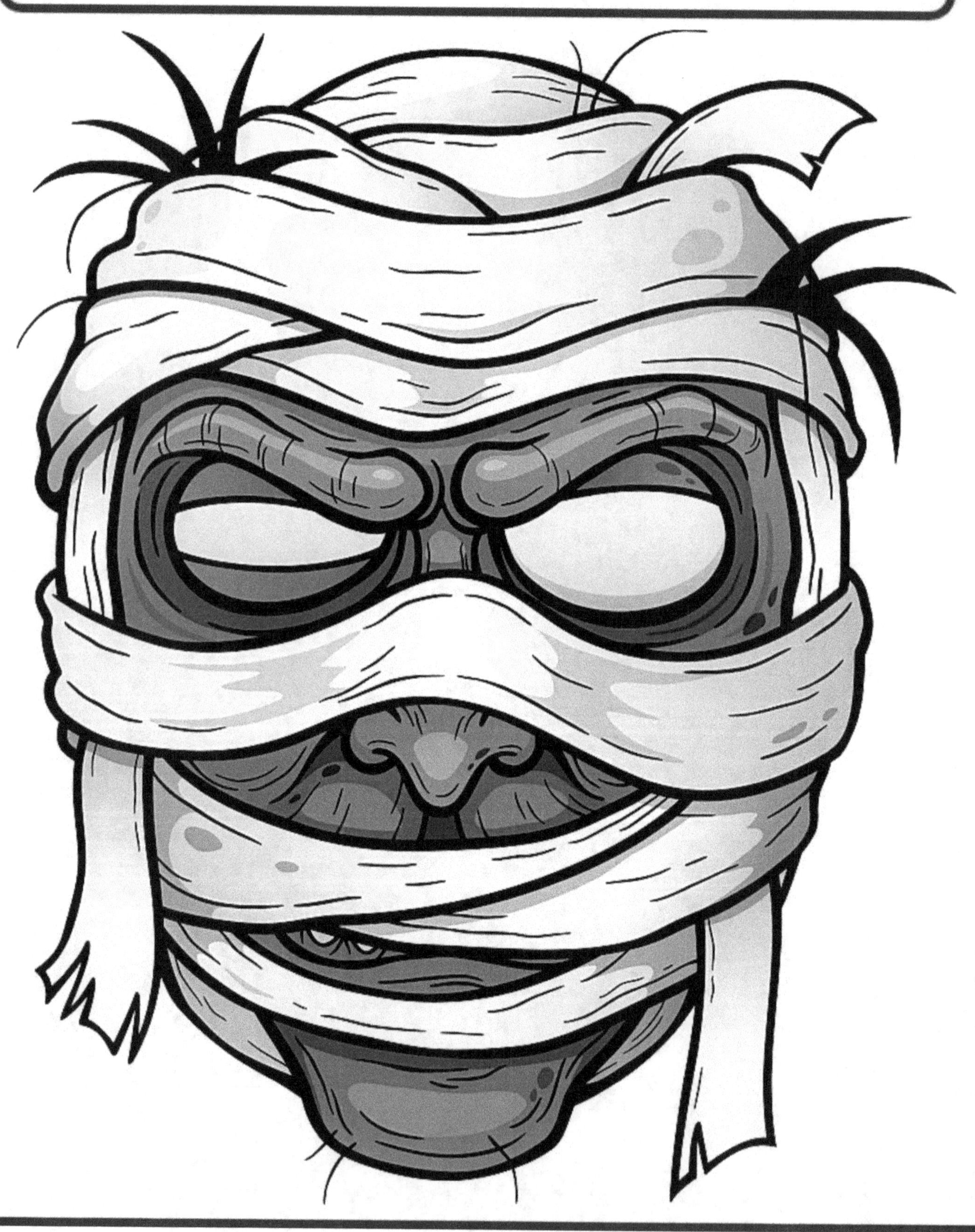

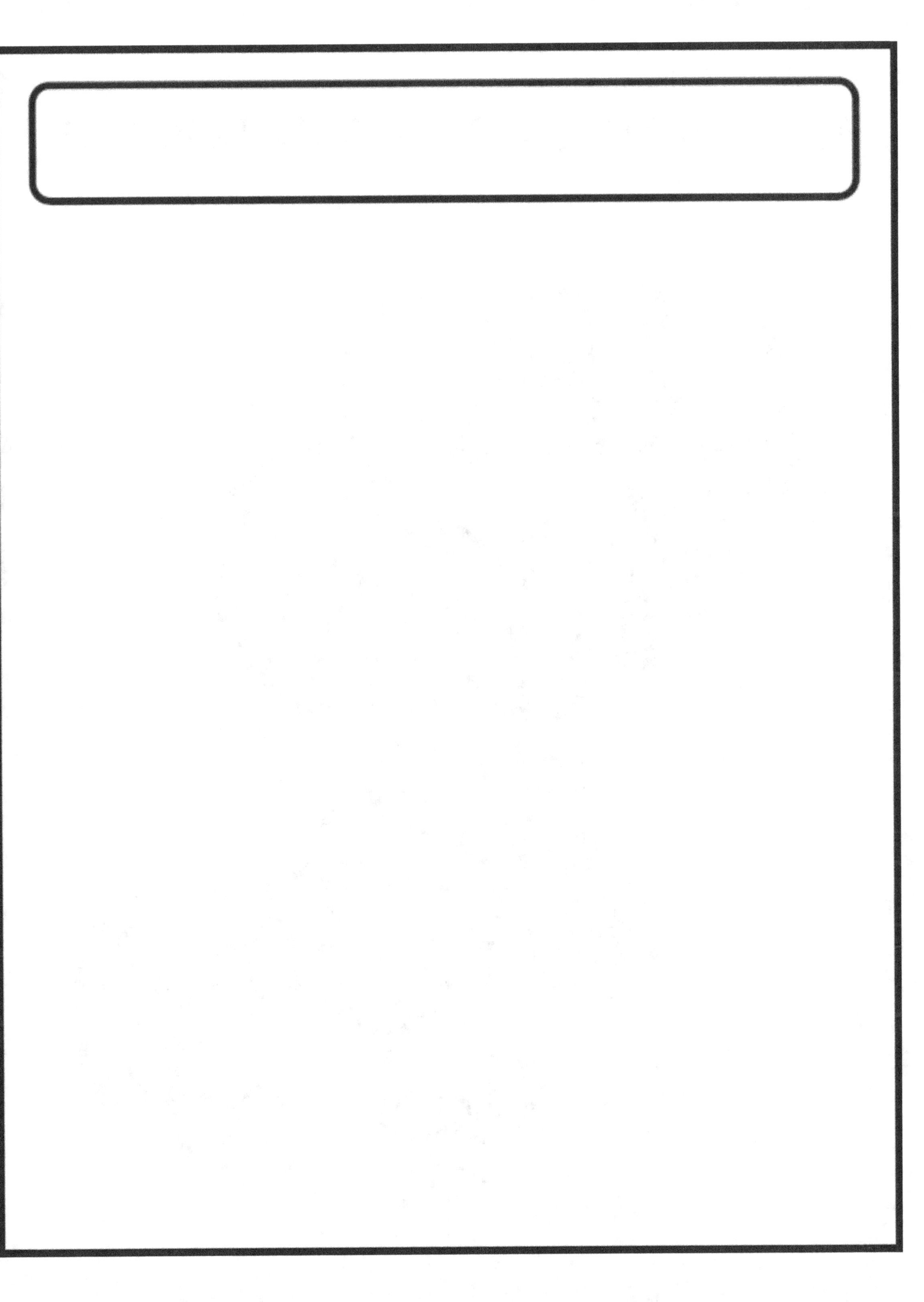

MUMMIE LIBRO DA COLORARE

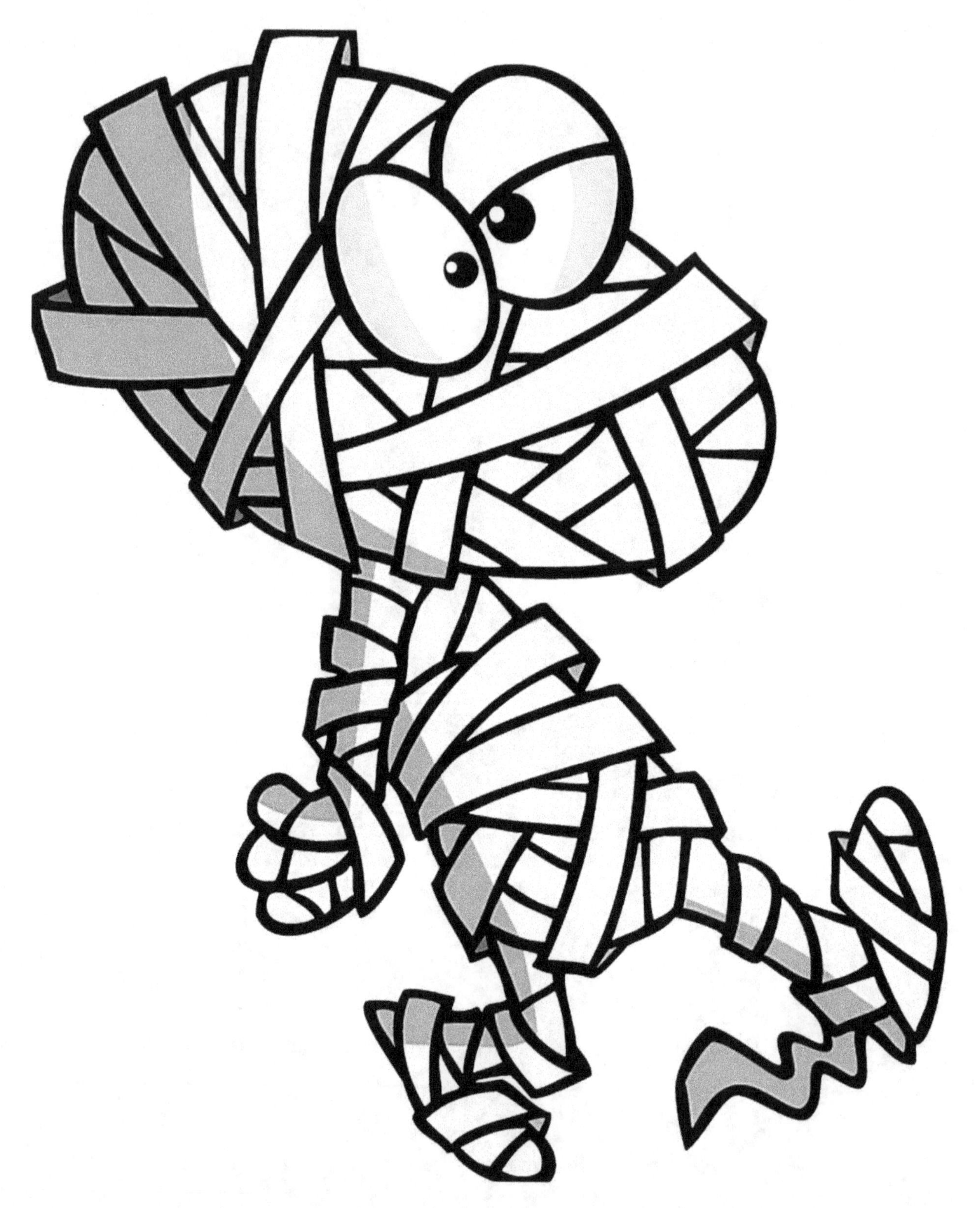

MUMMIE LIBRO DA COLORARE

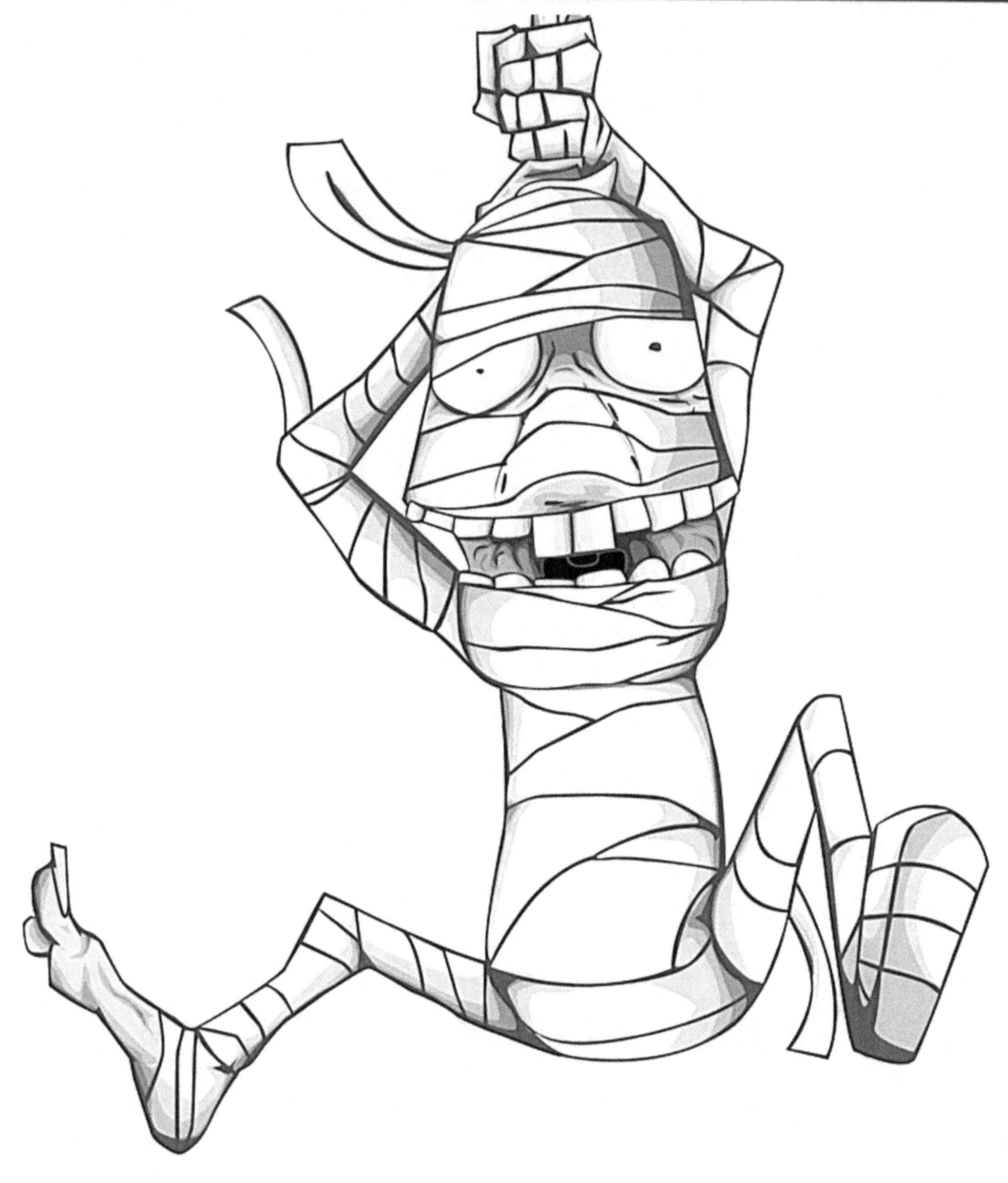

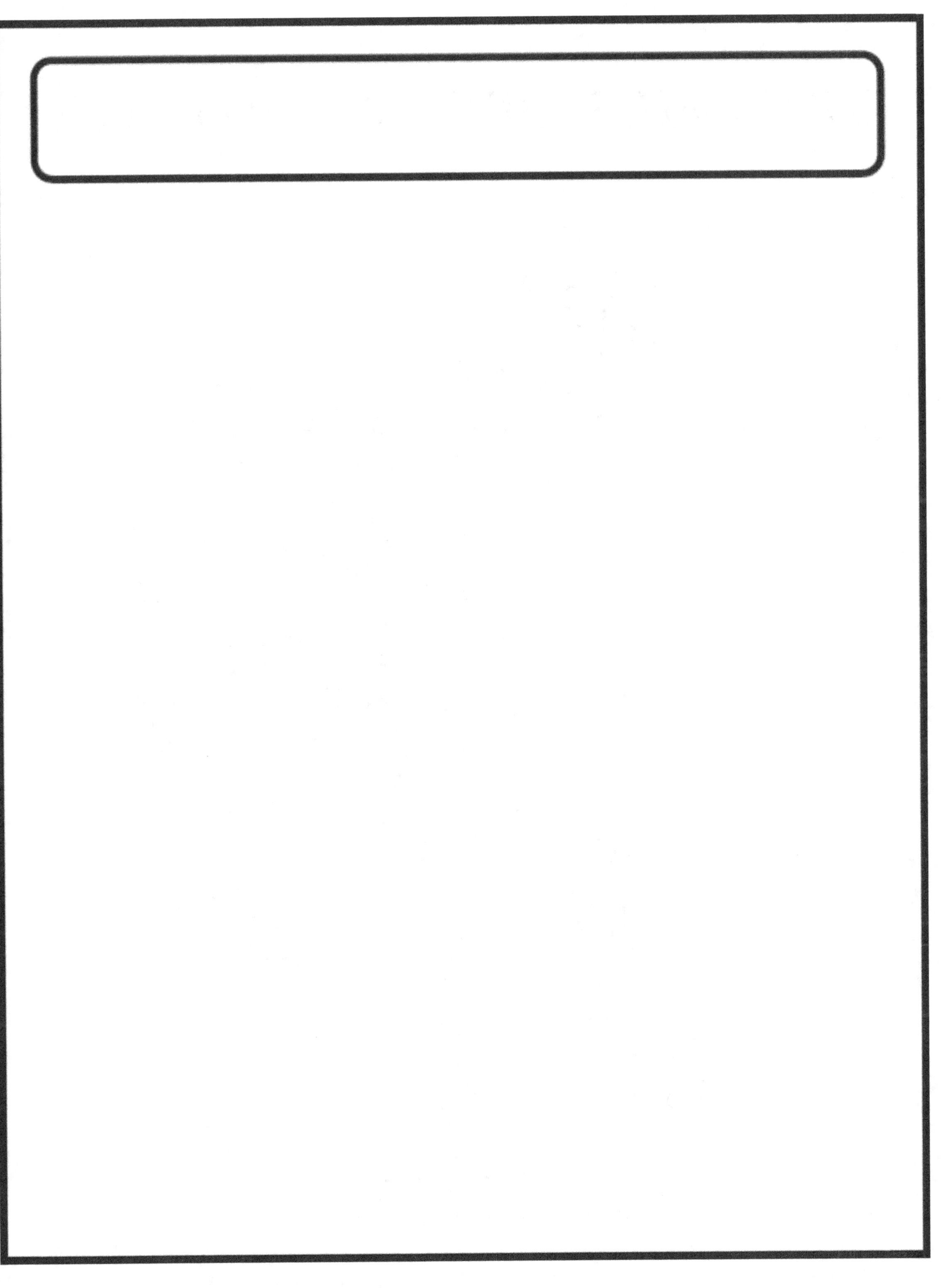

MUMMIE LIBRO DA COLORARE

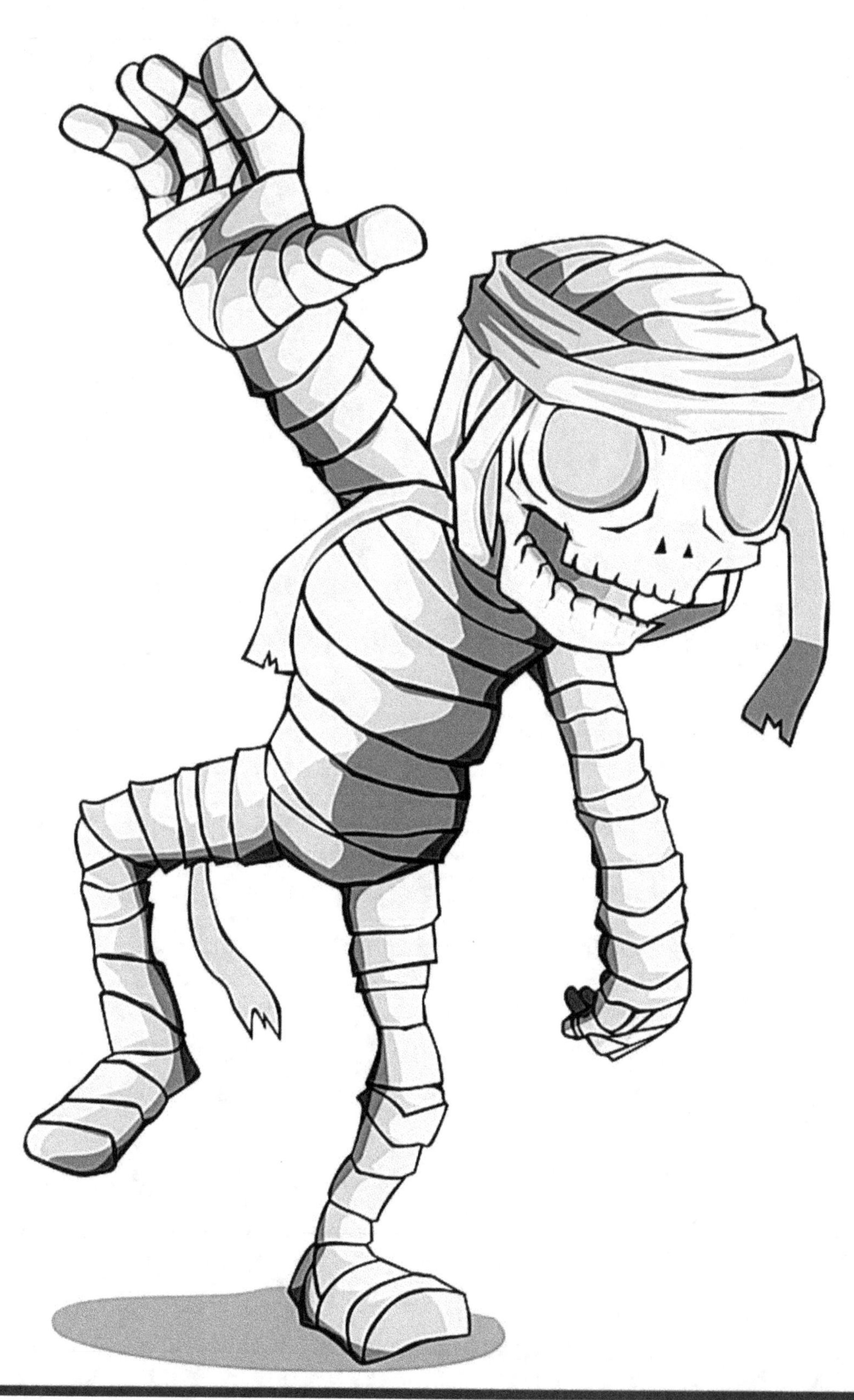

MUMMIE LIBRO DA COLORARE

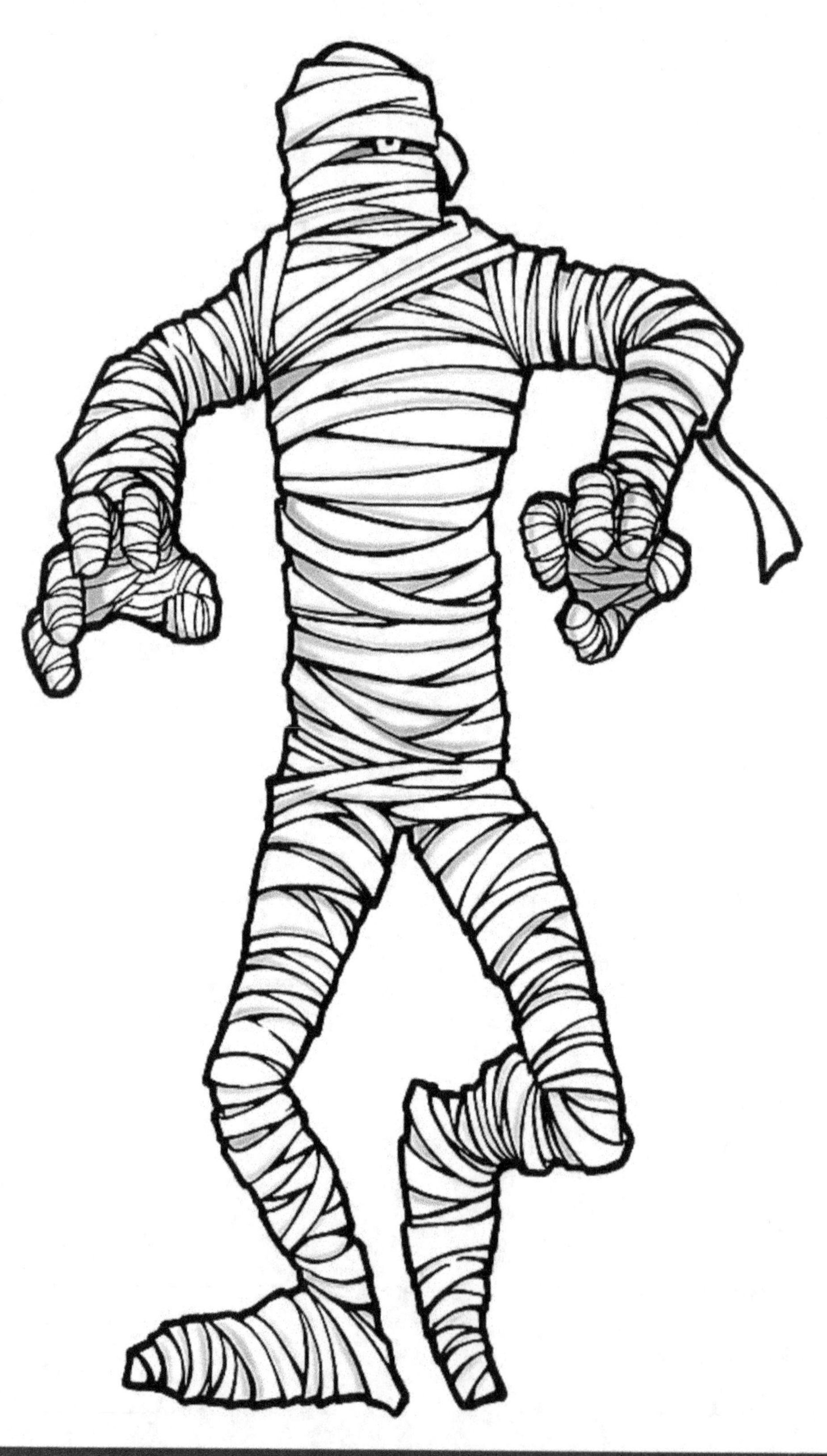

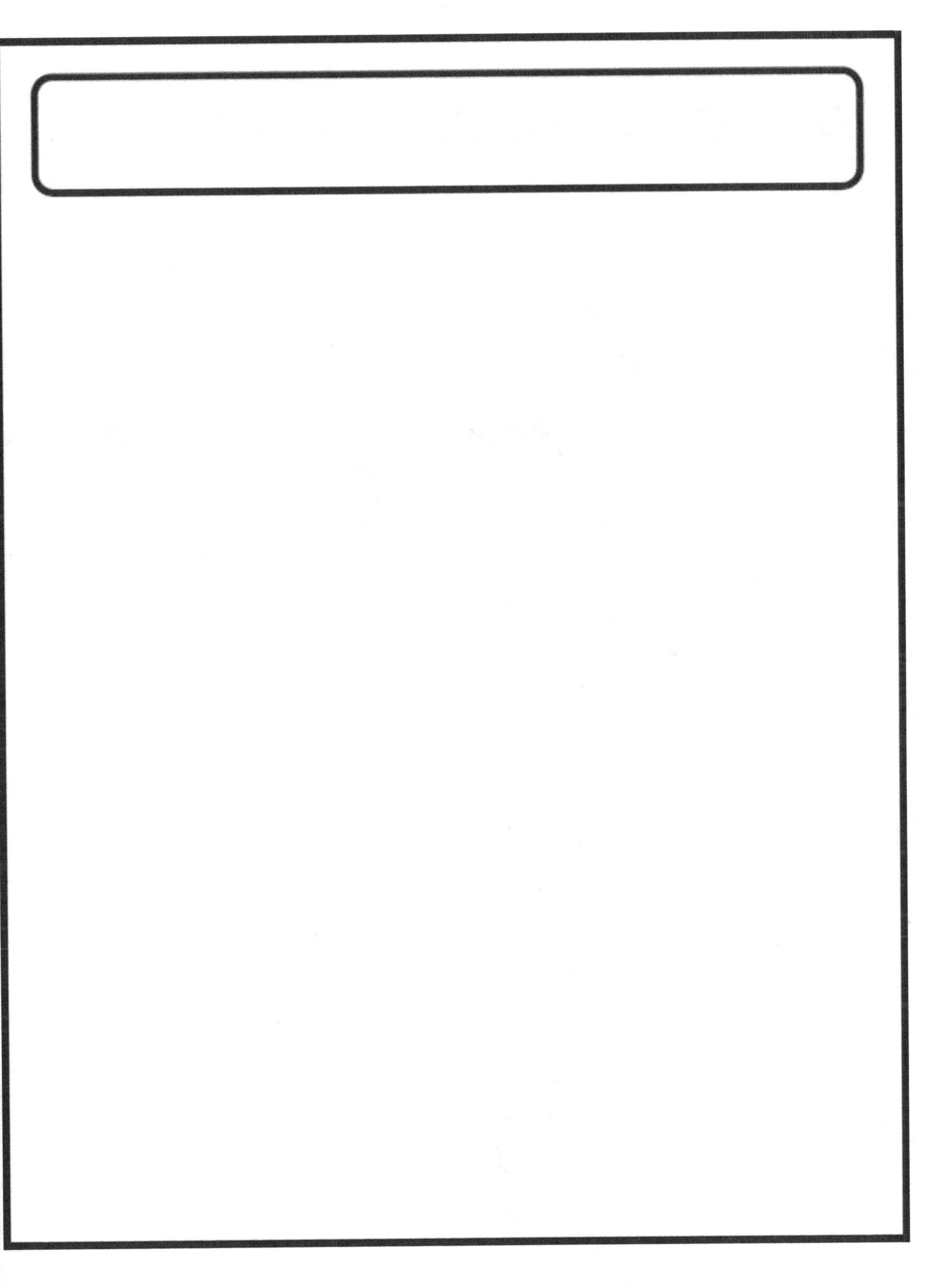

MUMMIE LIBRO DA COLORARE

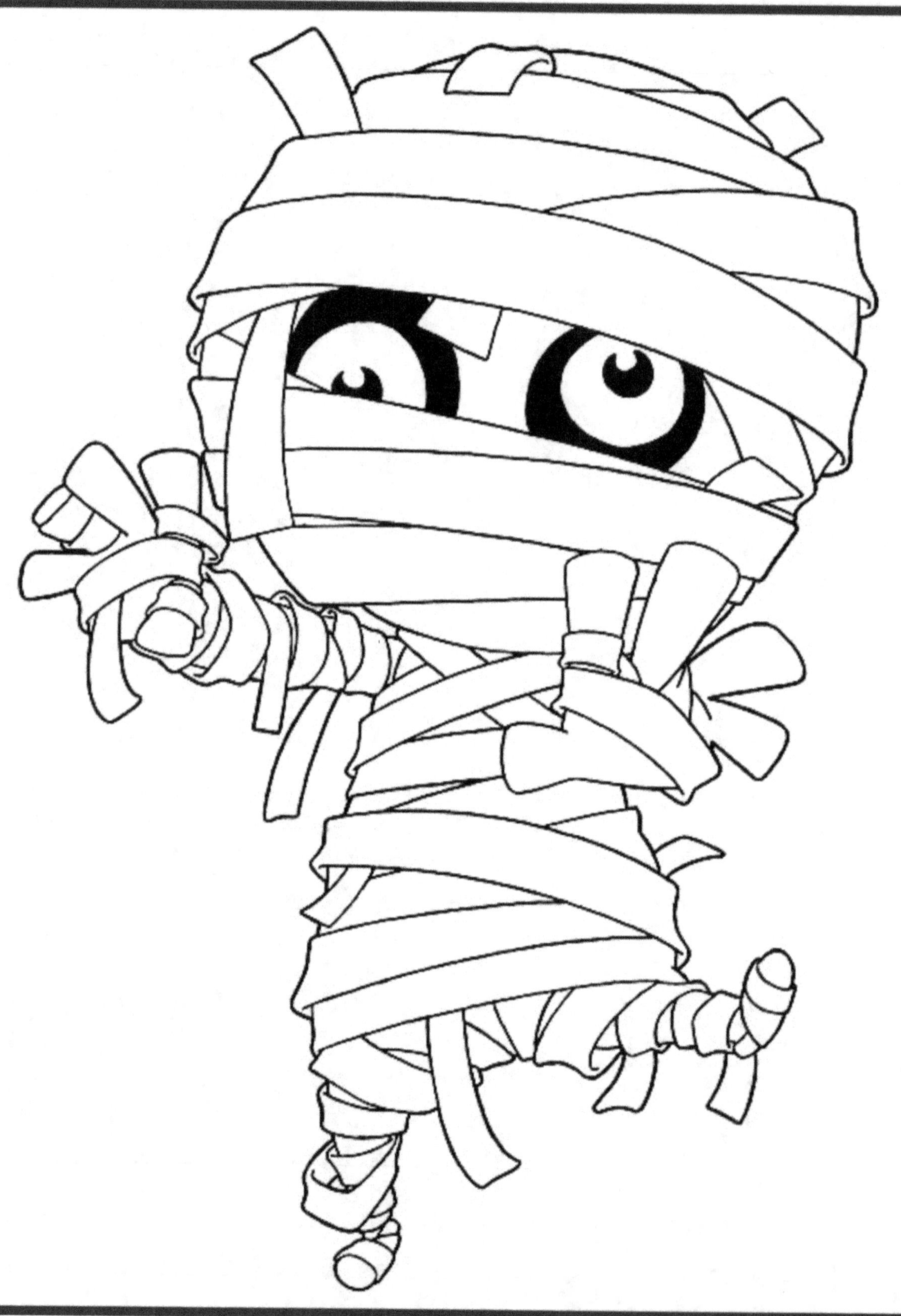

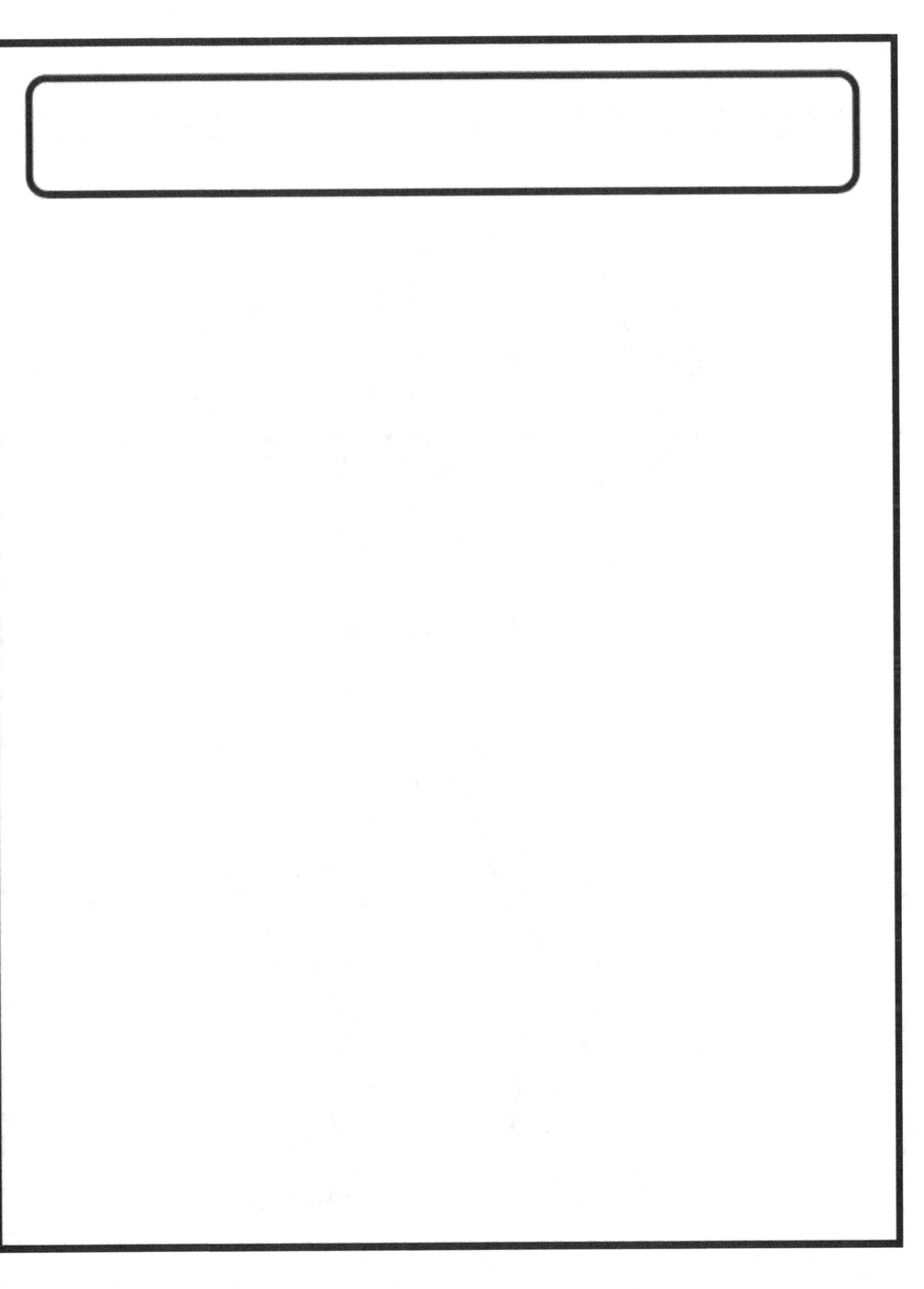

MUMMIE LIBRO DA COLORARE

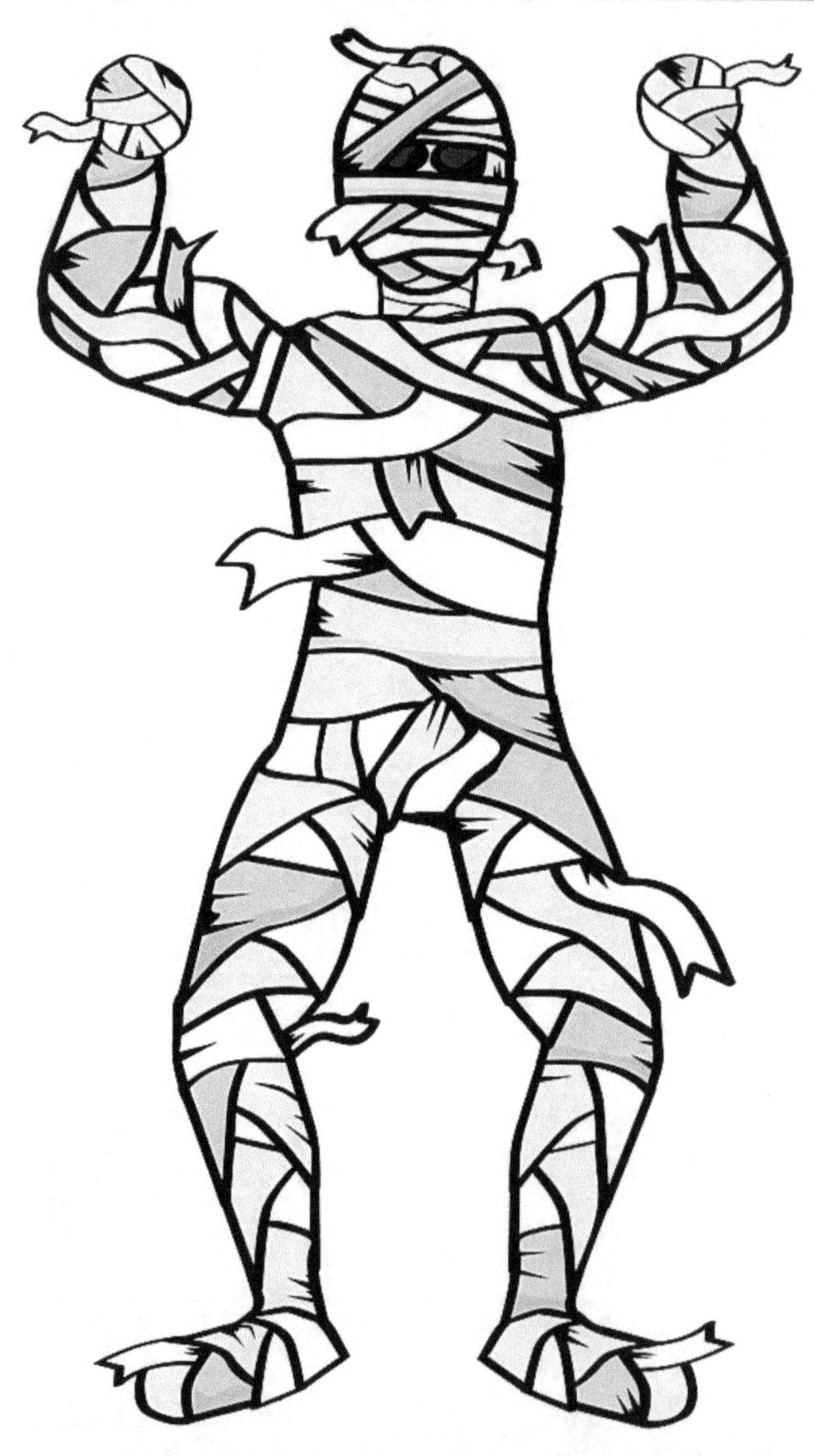

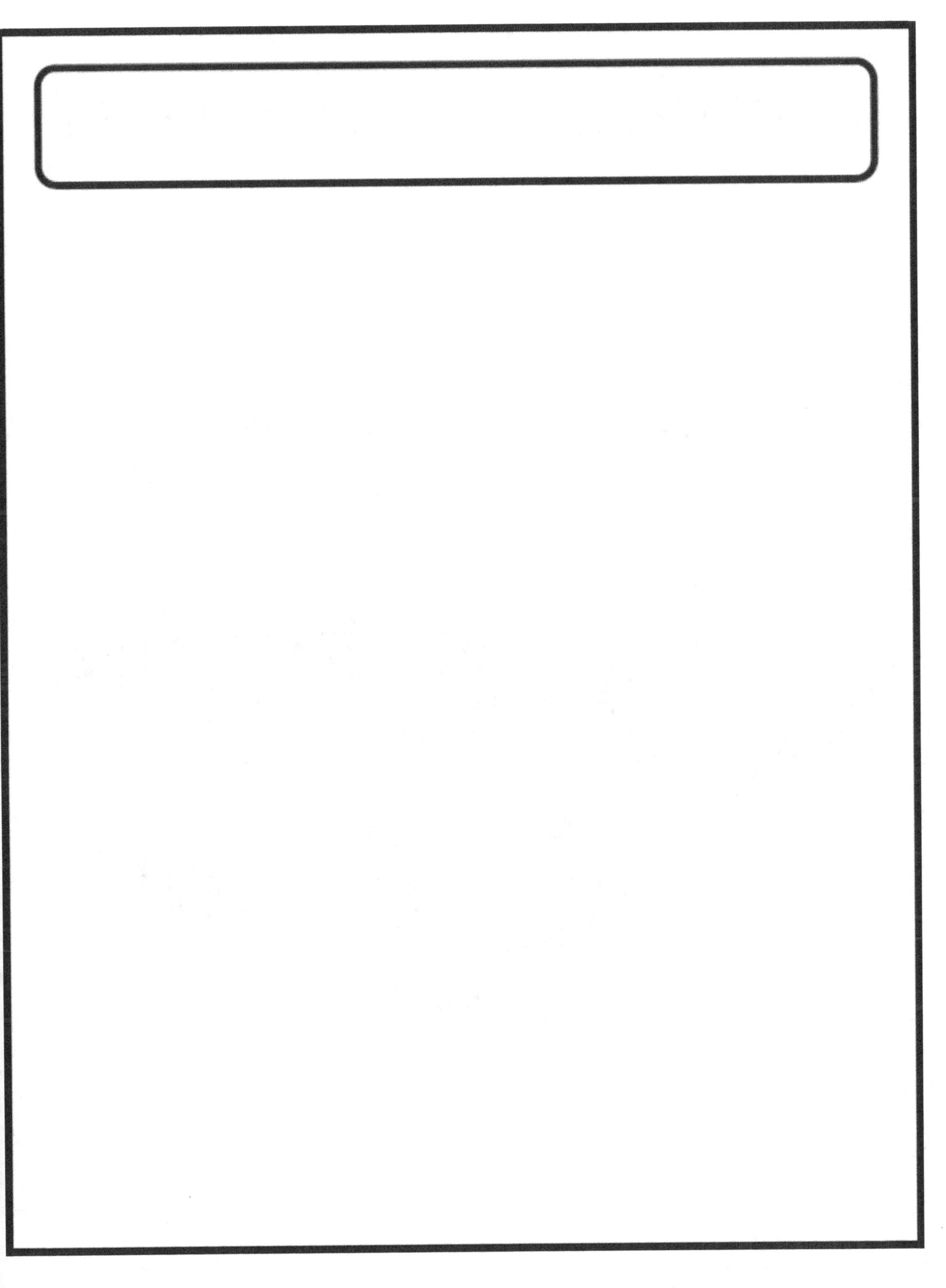

MUMMIE LIBRO DA COLORARE

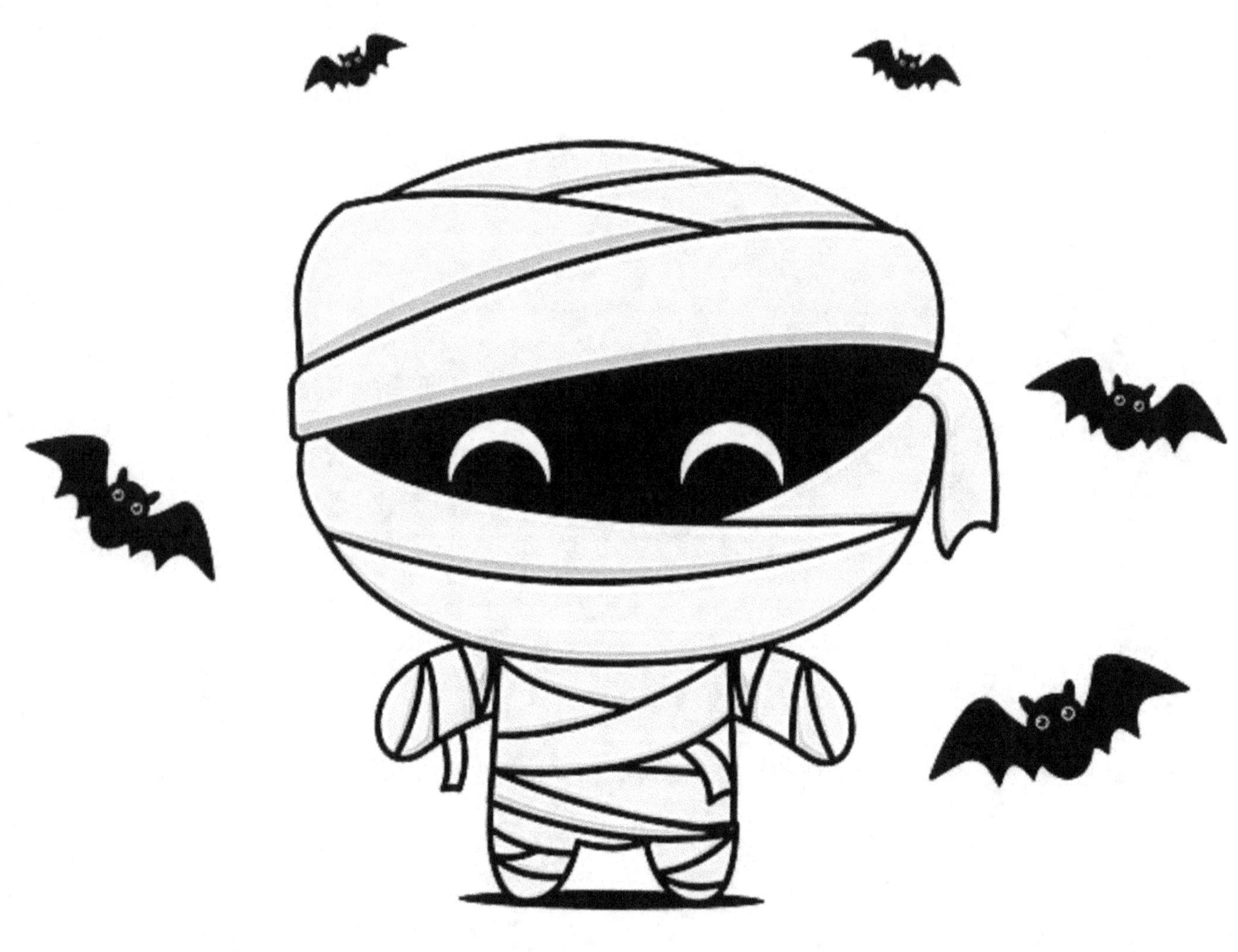

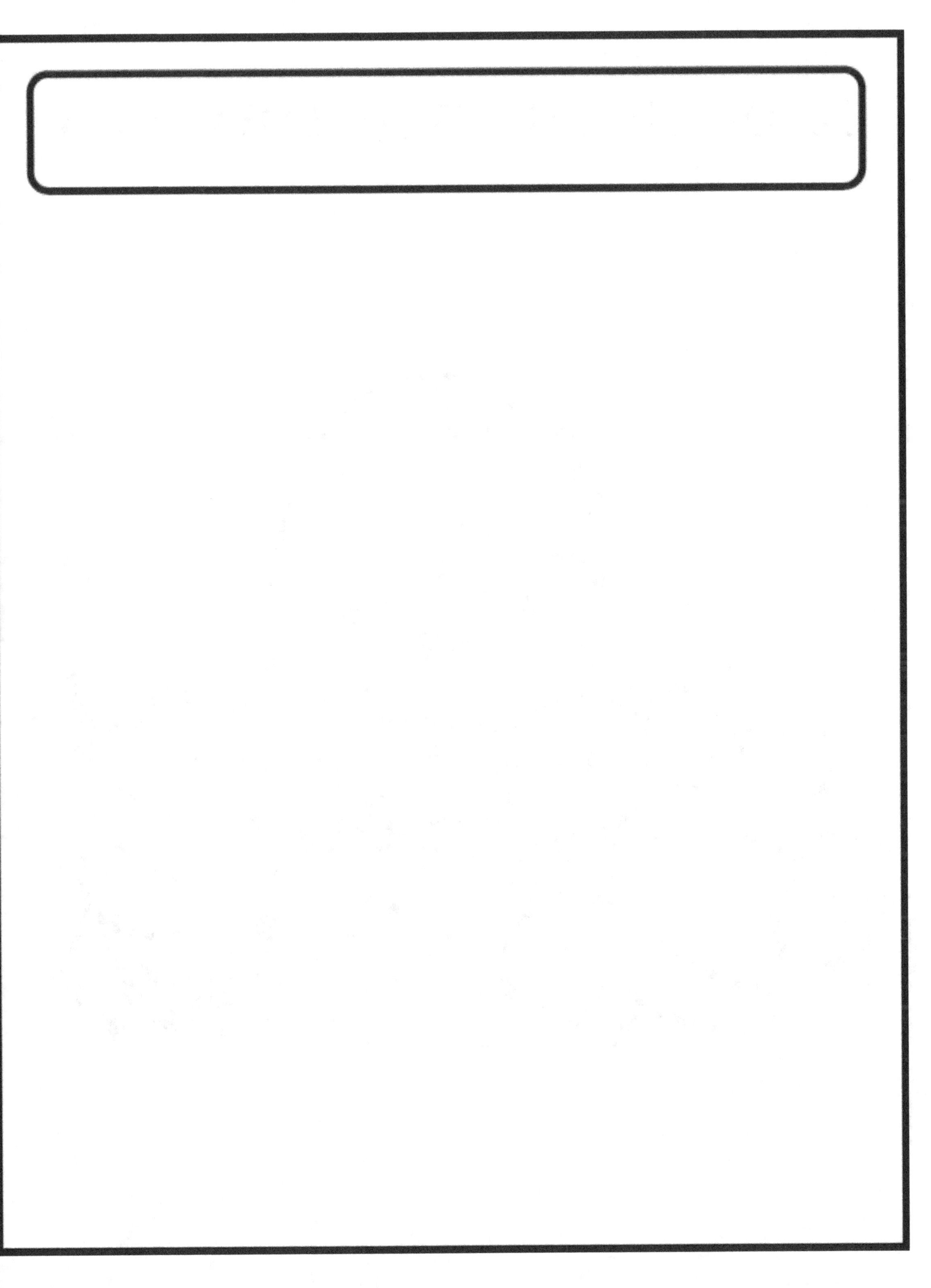

MUMMIE LIBRO DA COLORARE

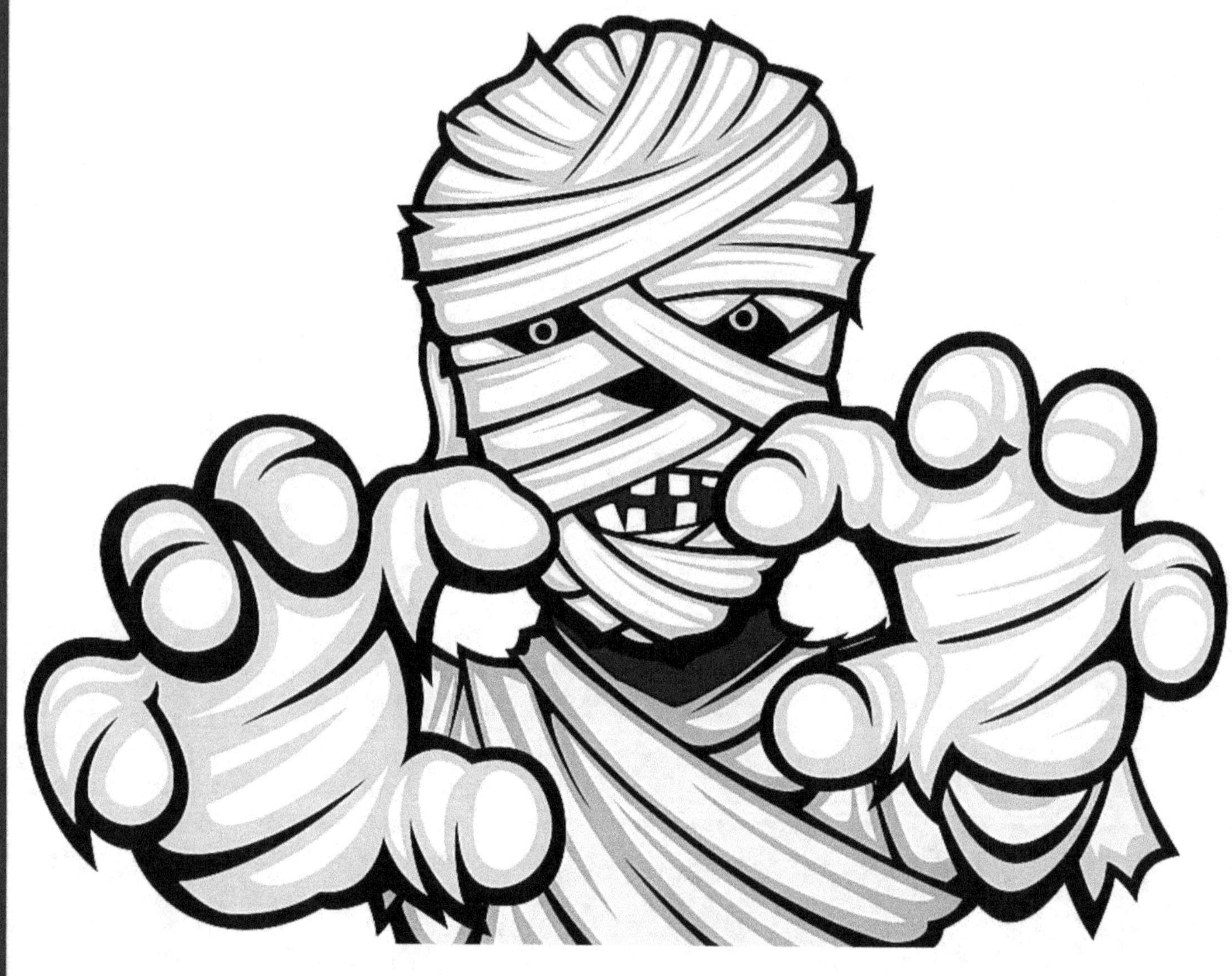

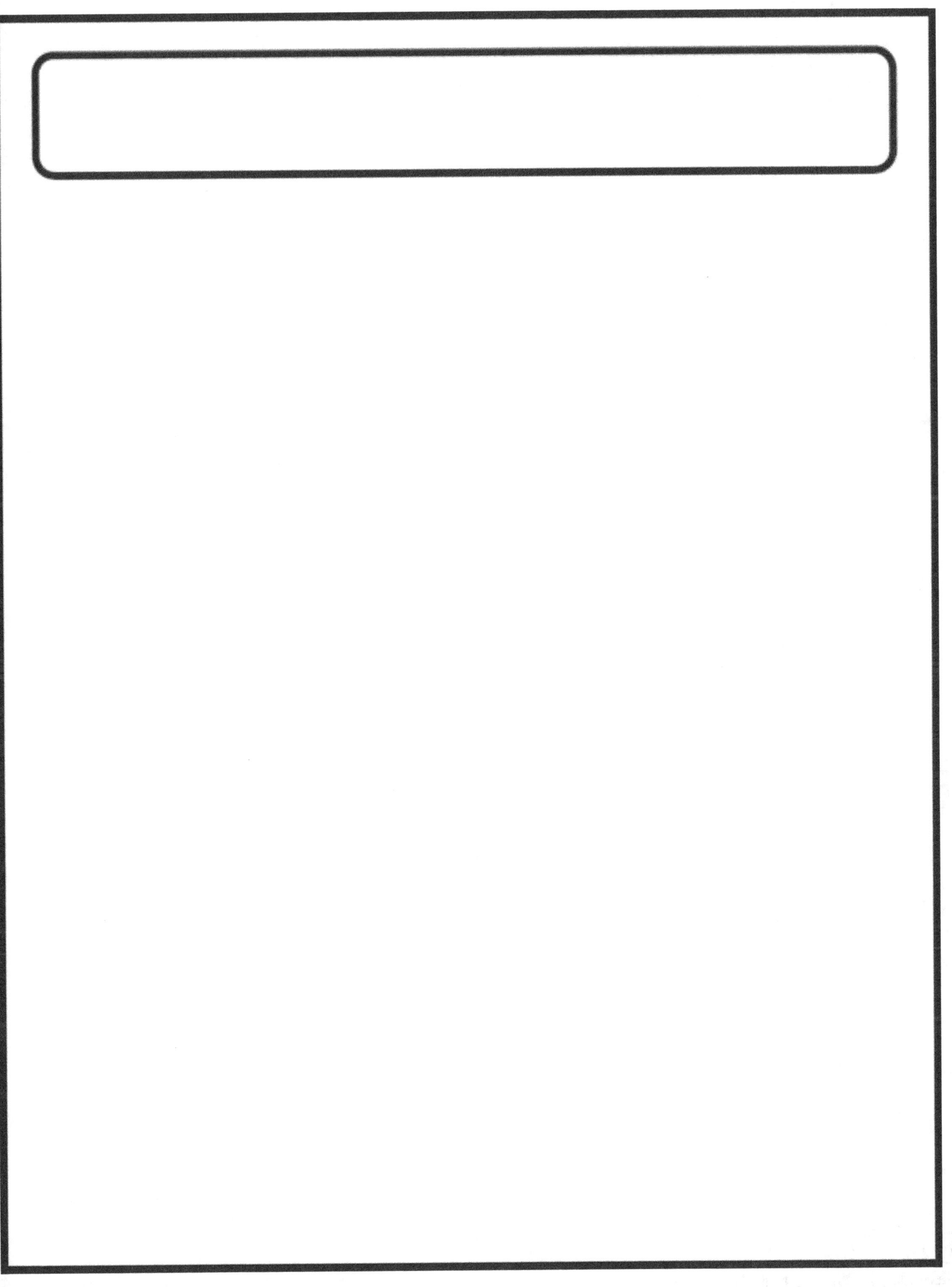